TUDO LIMPO E ORGANIZADO EM 1 MINUTO

DONNA SMALLIN

TUDO LIMPO E ORGANIZADO EM 1 MINUTO

500 DICAS PARA LIMPAR SUA CASA E AGILIZAR SUA VIDA

Tradução
Elisa Nazarian

Gente editora

Diretora
Rosely Boschini
Gerente Editorial
Marília Chaves
Estagiária
Natália Domene Alcaide
Editora de Produção Editorial
Rosângela de Araujo Pinheiro Barbosa
Controle de Produção
Karina Groschitz
Tradução
Elisa Nazarian
Preparação
Geisa Mathias de Oliveira
Projeto Gráfico e Ilustrações de Miolo
© 2006 by Juliette Borda
Editoração
Join Bureau
Capa
Miriam Lerner
Imagens de Capa
Thinkstock by Getty Images
Revisão
Vero Verbo Serviços Editoriais

NOTA DA EDITORA
Alguns produtos indicados pela autora não estão disponíveis para venda no Brasil. Há, no entanto, sites brasileiros que oferecem receitas para prepará-los em casa; basta procurar nos sites de busca pelo nome do produto.

Título original: *The One-Minute Cleaner Plain & Simple. 500 Tips for cleaning smarter, not harder*

Rua Pedro Soares de Almeida, 114
São Paulo, SP – CEP 05029-030
Telefone: (11) 3670-2500
Site: http://www.editoragente.com.br
E-mail: gente@editoragente.com.br

Este livro foi impresso pela Edições Loyola em papel *offset* 75 g.

Dados Internacionais de Catalogação na Publicação (CIP)
Angélica Ilacqua CRB-8/7057

Smallin, Donna
Tudo limpo e organizado em 1 minuto: 500 dicas para limpar sua casa e agilizar sua vida / Donna Smallin; tradução de Elisa Nazarian. – São Paulo: Editora Gente, 2016.

ISBN 978-85-452-0077-2
Título original: *The one-minute cleaner plain & simple*

1. Limpeza e arrumação doméstica I. Título II. Nazarian, Elisa

15-1291 CDD-348.5

Índices para catálogo sistemático:
1. Limpeza e arrumação doméstica 348.5

sumário

Introdução

Sempre haverá um pouco de sujeira na vida de qualquer pessoa. Acrescente uma camada de poeira, algumas manchas, um tanto de gordura – e eis um trabalhão. O problema é que você possui uma vida agitada e não sobra muito tempo ou energia para lidar com a sujeira cotidiana. Com isso, acaba passando boa parte de seu período livre limpando (ou se sentindo culpado por não fazê-lo). Ou tenta manter as coisas da melhor maneira possível, esperando que um dia consiga deixar tudo em ordem.

A limpeza de uma casa é desses trabalhos que nunca têm fim. Na verdade, em muitas casas, ele mal começa. As mulheres que trabalham fora praticamente abandonaram seu papel tradicional de encarregada dos assuntos domésticos; maridos e filhos assumiram parte dessa carga, mas, ainda assim, nem tudo está sendo feito conforme deveria. Por escolha ou necessidade, os padrões tornaram-se menos rígidos para acomodar agendas carregadas, que costumam empurrar as responsabilidades domésticas para o fim da lista de tarefas.

A solução mais simples para o dilema da limpeza é aprender a limpar tudo com mais rapidez e, assim, poder passar a maior parte do tempo disponível fazendo o que de fato gosta! Esse é o propósito deste livro: apresentar práticas de limpeza fáceis e simples, técnicas e estratégias que reduzam o tempo do trabalho doméstico.

Uma casa limpa, uma pequena tarefa por vez

Tudo limpo e organizado em 1 minuto foi escrito para pessoas ocupadas que querem uma casa limpa, mas também uma vida. Você encontrará centenas de dicas e ideias práticas para limpar tudo: de balcões de cozinha a lentes de óculos, de deques ao ar livre a gaiolas. E, por levar em consideração os estilos de vida e as necessidades especiais de cada um, o livro também inclui indicações de limpeza para alérgicos, estratégias para garantir a segurança de crianças em casa e receitas naturais e não tóxicas para uma faxina "verde".

Sempre achei que limpar fosse terapêutico para o corpo, a mente e a alma. Acredito que vários de nós estejam lutando para lidar com esse mundo caótico. Podemos não ser capazes de dar um fim às guerras ou ao terrorismo e, com certeza, não vamos impedir furacões e terremotos, mas podemos limpar nosso cantinho.

Esta obra está dividida em duas partes: "Prepare-se para limpar!" e "Desafios internos e externos". Os capítulos incluem estratégias para o domínio da carga de trabalho doméstico e a manutenção contínua de todos os espaços da casa. A maioria das páginas traz conselhos práticos para qualquer dia da semana ou hora do dia, alguns direcionados para limpezas sazonais ou ocasiões especiais. Cada dica pode ser lida em alguns segundos, e é necessário apenas 1 minuto para implementar muitas delas. Procure pelo símbolo de 1 minuto 1 .

Sejam quais forem seus objetivos de limpeza, lembre-se de que os únicos padrões que importam são os que você estabelece para si. Você pode até gostar de limpar a casa. Mesmo assim, não há sentido em tornar a tarefa mais difícil do que é. Munido de dicas, técnicas e estratégias comprovadas, você conseguirá terminar qualquer limpeza em tempo recorde e com menos esforço do que imaginava ser possível.

PARTE 1

Prepare-se para limpar!

SABÃO

CAPÍTULO 1

Planeje

Você não precisa de um diploma em prendas domésticas para manter sua casa limpa e arrumada. Também não tem de passar todo o tempo livre limpando. O que precisa é dos utensílios e dos materiais certos, do conhecimento para usá-los da melhor maneira possível e de um planejamento para o que espera conseguir. A maioria das pessoas certamente gostaria de viver em uma casa limpa – se ao menos não tivesse de trabalhar! Sabe de uma coisa? Pode não ser tão difícil quanto você pensa.

Pergunte-se: por que você limpa? Você gostaria de poder comer no chão ou ficaria feliz apenas se conseguisse preparar um jantar sem ter de limpar a cozinha antes ou esvaziar a pia cheia de pratos?

Quais são **seus objetivos** em uma limpeza?

Quais são os benefícios? Em primeiro lugar, e acima de tudo, uma casa limpa é uma **casa mais saudável**. Os germes podem criar e espalhar doenças. Embora seja impossível exterminar todos, o melhor ataque contra eles é limpar e desinfetar.

1 Limpar é um **investimento**. Uma manutenção regular ajuda na maior durabilidade de tapetes e móveis. Aspirar o pó com frequência pode prolongar a vida dos tapetes, ao impedir que a sujeira entre em atrito com a trama, o que pode destruir suas fibras, por exemplo. Uma rotina de limpeza pode fazer com que você economize dinheiro no longo prazo.

Saiba exatamente o que está limpando:

- **A sujeira entra em sua casa por meio de sapatos, roupas e cabelos. Ela consiste em migalhas acumuladas, pelos de animais de estimação, dejetos de insetos e outros materiais indesejáveis que podemos limpar com um pano, varrer ou aspirar.**
- **A poeira é uma combinação de vários itens, que incluem plumas e fibras de tecidos, descamação de animais de estimação, partículas de comida, partes de insetos e ácaros microscópicos.**
- **Os germes são micro-organismos potencialmente maléficos, inclusive bactérias e vírus, que podem causar doenças transmissíveis por superfícies sujas.**
- **Assim como eles, os ácaros são uma parte natural de nosso ambiente, responsáveis por reações alérgicas e ataques de asma.**

A aparência e o cheiro de uma casa que acabou de ser limpa provocam uma sensação de realização, SATISFAÇÃO e orgulho.

Nosso método de limpeza depende de atitudes, **preferências**, experiência, energia, tempo e objetivos de que dispomos. A maioria se insere em uma das quatro categorias: faxina rápida, faxina verde, superfaxina ou faxina de recuperação.

Os que optam pela **faxina rápida** querem uma casa limpa, mas colocam as atividades de limpeza no fim de sua lista de prioridades. Eles deveriam começar com uma limpeza completa e só depois assumir o hábito de fazer um pouquinho por dia.

Os adeptos da faxina rápida podem dispor de uma caixa com materiais e produtos para limpezas expressas.

Muitos produtos industrializados contêm ingredientes naturais, mas aqueles que optam pela **faxina verde** e procuram um método de limpeza que seja menos agressivo para o planeta, encontrarão em seu armário de cozinha itens que realizam o trabalho com igual competência. Por exemplo: vinagre branco e água podem ser usados para limpar balcões e pisos; bicarbonato de sódio é o produto de limpeza não abrasivo perfeito para a cozinha e o banheiro.

FAÇA VOCÊ MESMO

Limpa-tudo verde

Misture uma colher de chá de sabão em pó feito com óleo vegetal, uma colher de chá de sabão em pó com bórax (ou borato de sódio) e duas colheres de sopa de vinagre com um litro de água quente.

Caso você seja adepto da **superfaxina**, com tendência a limpar com fúria, vá com calma com produtos agressivos.

Comece cada empreitada com um mínimo de produtos para limpeza pesada. Lembre-se de desinfetar esponjas e panos de cozinha de uso frequente (ver página 52), ou vai acabar espalhando mais germes enquanto trabalha.

Se a limpeza começar a parecer uma obsessão, reconheça que ela pode estar sendo usada como desculpa para você evitar lidar com outra coisa.

Os adeptos da **faxina de recuperação** têm alta tolerância a sujeiras, poeira ou bagunça e deveriam pensar em contratar ajuda ou arrumar uma força-tarefa com familiares ou amigos para deixar a casa limpa. Depois, limpar um pouquinho, constantemente.

Acerte um *timer* para dez minutos pela manhã e dez minutos à noite – e limpe, limpe, limpe. Use a primeira etapa para limpar seu banheiro ou sua cozinha e a última para uma tarefa maior, como aspirar o pó.

Ofereça a si mesmo, todos os dias, uma recompensa por seus esforços.

É bem mais fácil MANTER **a casa limpa do que recuperar o tempo perdido.**

Enquanto a limpeza com água e sabão *remove* a maioria dos germes das superfícies, os desinfetantes realmente os *matam*. Uma boa ideia é sempre desinfetar as superfícies da cozinha, do banheiro e do quarto das crianças.

Para **desinfetá-las** adequadamente, limpe-as e lave-as com um produto de limpeza para remover a sujeira. Depois, vaporize ou esfregue uma solução de água sanitária diluída ou um desinfetante industrializado. Deixe secar normalmente ou enxugue com um pano limpo ou papel-toalha.

1 Se um membro da casa estiver doente, você pode **reduzir o risco** de espalhar vírus e bactérias desinfetando com frequência superfícies manuseadas, como interruptores, maçanetas, controles remotos e aparelhos telefônicos.

Dedique um pouco de seu tempo diário à limpeza. Modifique a lista de tarefas cotidianas proposta de acordo com suas necessidades e seu estilo de vida.

- **Arrume todas as camas.**
- **Esvazie as lixeiras, se preciso.**
- **Junte a roupa suja.**
- **Limpe as pias dos banheiros.**
- **Varra o chão da cozinha.**
- **Aspire o pó dos tapetes das áreas mais usadas sempre que necessário.**
- **Limpe a mesa e os balcões da cozinha.**
- **Lave a louça.**
- **Inicie a lavagem da roupa, enquanto enche e liga a secadora ou dobra a roupa limpa, conforme o momento.**
- **Organize a correspondência em categorias: para pagar, arquivar, ler, contatar, jogar no lixo ou reciclar.**
- **Recolha a bagunça.**

Simplifique

Desafie-se a arrumar a cama em menos de um minuto.

Limpe a pia do banheiro pela manhã, antes de sair do cômodo.

Limpe a cozinha, depois do jantar.

Leve um saco de lixo de cômodo em cômodo e esvazie todas as lixeiras. Apanhe o que estiver em desordem, antes de ir para a cama. Captou a ideia?

Você precisa desenvolver e implementar um **plano de limpeza** regular para as tarefas que exigem tempo e esforço, como passar pano no chão ou limpar a geladeira. A maioria das casas pode ser mantida com uma limpeza semanal. No entanto, a frequência com que você encara esses serviços depende em grande parte de quantas pessoas vivem em sua casa. Se você tem filhos ou animais de estimação, provavelmente precisará passar aspirador e pano mais que uma vez por semana. Se mora sozinho, sem animais de estimação, poderá se restringir a um esquema de limpeza de duas vezes por semana, desde que recolha diariamente o que estiver fora do lugar.

A seguir, veja três maneiras de enfrentar as tarefas de limpeza semanais:

Plano 1: Tudo de uma vez

Método tradicional de limpeza semanal, funciona bem para pessoas que têm dois ou mais dias livres no período e gostam de limpar ou para as que sentem satisfação quando a casa está limpa de ponta a ponta.

Plano 2: Uma tarefa por dia

Coloque uma lista de tarefas de limpeza na porta da geladeira. Faça uma por dia. Esse é um bom método para pessoas que não gostam de rotina.

Plano 3: Trinta minutos por dia

Você tem tendência a adiar as tarefas semanais? Gaste trinta minutos de seu dia em um cômodo ou em um serviço de limpeza para a casa toda. Um esquema diário possível:

Dia 1 Cozinha
Dia 2 Banheiro
Dia 3 Salas de estar, de TV ou de jantar
Dia 4 Quartos
Dia 5 Escritório, despensa, hall de entrada
Dia 6 Lavanderia
Dia 7 Descanso

Ou estipule um esquema baseado em tarefas, como um dia para espanar e lustrar os móveis de todos os cômodos.

Se você estiver com tempo escasso ou pouca energia, escolha os serviços que achar MAIS IMPORTANTES e capriche em cada um.

Você pode fazer uma **limpeza profunda** em sua casa uma ou duas vezes por ano. Ou dividir esse serviço realmente grande em serviços menores mensais, limpando a fundo cômodo por cômodo.

A cada mês, planeje fazer uma limpeza completa em um cômodo. Em um dos quartos, por exemplo, lave as paredes, as janelas, as cortinas, o piso e as cobertas da cama. Também pode simplificar e organizar os armários e as gavetas. Quando todos os cômodos estiverem limpos, volte ao primeiro.

Experimente estas dicas comprovadas para fazer o serviço mais depressa e com mais eficiência:

- **Remova o que estiver fora do lugar antes de começar a limpeza.**
- **Limpe de cima para baixo. Comece com as teias de aranha próximas ao teto. Depois, espane os ventiladores de teto, os lustres, o alto das estantes e outros lugares mais altos. Vá descendo e deixe para limpar o chão por último.**
- **Mova tudo para a direita para limpar o lado esquerdo, e vice-versa.**
- **Depois de vaporizar um produto de limpeza, espere alguns minutos para que ele faça efeito.**
- **Tente não se distrair enquanto estiver limpando.**
- **Limpe cada cômodo no sentido horário, a partir da porta.**
- **Use atalhos. Deixe os pratos secarem sozinhos. Procure móveis e roupas que resistam a manchas e sejam fáceis de limpar e cuidar.**
- **Não invente trabalho. Não perca tempo lavando uma parede inteira, se tudo o que de fato precisa é limpar as**

manchas. Se suas roupas não estiverem claramente sujas depois de usadas uma vez, vista-as de novo.

- **Faça os serviços sempre na mesma ordem, e a limpeza ficará automática.**
- **Limpe de imediato o que for derramado.**
- **Coloque lixeiras onde em geral se acumula lixo.**

1 Sinta mais **prazer** ao limpar a casa, ouvindo sua música favorita ou um audiolivro.

1 Motive-se com uma **recompensa** por seus esforços de limpeza, relaxando depois em uma banheira quente, assistindo a seu programa predileto de TV, indo ao cinema ou lendo um livro ou uma revista.

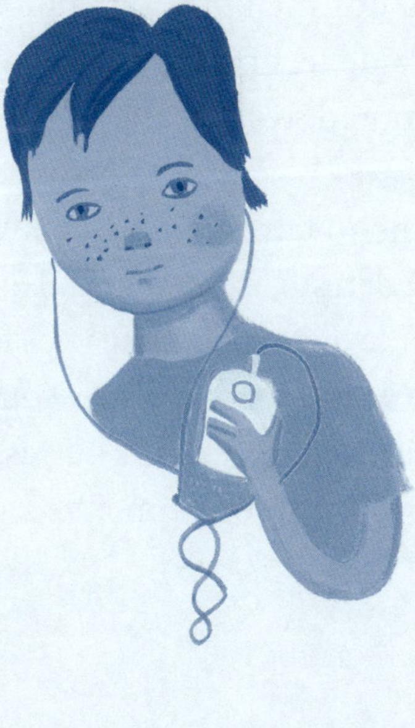

A maneira mais simples de reduzir seu tempo de limpeza é impedir que a sujeira e a poeira se acumulem:

- **Coloque capachos em todas as entradas.**
- **Institua uma regra de "sem sapatos" em sua casa.**
- **Use tinta antimofo ao repintar as paredes.**
- **Não coma nos quartos.**
- **Na cozinha e nas paredes do quarto das crianças, use tinta com acabamento semibrilho, em vez de fosca.**
- **Escolha um tapete resistente a manchas para as áreas de grande movimento, como os corredores.**
- **Use sabonete com glicerina para reduzir a formação de limo em seu box.**

Pesquisas mostram que as mulheres com filhos passam mais tempo limpando que as outras. O antídoto é convocar a ajuda dos membros da família, porque a maneira mais rápida de terminar o serviço é **dividir o trabalho** entre os moradores da casa.

Seu companheiro talvez não se incomode de fazer um serviço que você detesta, e vice-versa. No entanto, se não for feito exatamente da maneira que você faria, não caia no erro de criticar! Manter um padrão com o qual ambos concordem é útil e, como muitas outras coisas em uma relação, exige certo comprometimento.

Se você vive em uma casa cheia de gente, pode ter alguns desafios extras de limpeza – mas também terá MÃOS EXTRAS para ajudá-la.

As tarefas domésticas proporcionam uma oportunidade para que os membros da família passem um tempo juntos. Sempre que possível, faça desse momento uma **atividade em grupo**. Pelo menos de vez em quando, realize-as em conjunto.

1 Até as crianças pequenas podem ajudar na limpeza. Por exemplo, enquanto um membro da família passa o aspirador, os mais novos podem ir atrás, limpando os rodapés com mãos enfiadas em meias. Faça um concurso para ver quem fica com a mais suja.

Eis o que é razoável esperar de crianças em vários estágios de desenvolvimento:

- **Crianças de 3 a 5 anos podem catar brinquedos e ajudar a limpar a mesa. Nessa idade, elas gostam de "ajudar" e de imitar os pais em algumas tarefas.**
- **Crianças de 6 a 8 anos podem limpar e pôr a mesa, esvaziar o lixo, guardar roupas limpas e alimentar animais de estimação.**
- **Crianças de 9 a 11 anos podem lavar e secar pratos, encher e esvaziar a lava-louça, separar a roupa para lavar, ajudar a limpar o carro e fazer trabalhos simples no quintal.**
- **Adolescentes podem lavar roupa e fazer outros trabalhos domésticos cotidianos, bem como serviços no quintal.**

Elabore uma **lista** das tarefas que precisam ser feitas com regularidade. Faça uma reunião para falar sobre o papel de cada membro da família. Destaque responsabilidades e expectativas.

Crianças de todas as idades podem precisar de alguns lembretes delicados sobre suas tarefas: *checklists*, recados ou avisos verbais.

Associe o trabalho feito com **privilégios**. Ofereça uma remuneração às crianças por um trabalho feito ou uma semanada como incentivo. Ou, ainda, programe passeios em família ao parque, à praia ou às montanhas para depois que o grupo tiver terminado seus objetivos.

Tente os três métodos seguintes para designar as responsabilidades em casa:

1. **Escreva uma lista de tarefas todos os sábados pela manhã. Peça que os membros da família escrevam seus nomes ao lado das que farão. Se não se oferecerem para alguma coisa, inscreva-os.**
2. **Crie uma relação com os serviços que precisam ser feitos a cada dia ou por semana. Depois, designe as tarefas de cada membro da família para o período. No final da semana, estabeleça uma rotatividade para o esquema.**
3. **Escreva as tarefas em tiras de papel e escolha pagamento ou pontos para cada uma. Ponha as tiras dentro de um pote. Uma noite por semana, peça que cada membro da família retire uma delas.**

Ensinar as crianças a arrumar a própria bagunça é uma lição de RESPONSABILIDADE PESSOAL que vai acompanhá-las na vida adulta.

1 **Ensine** as crianças a tirar da caixa ou do armário apenas alguns brinquedos por vez. Se já estiverem com dois ou três brinquedos fora, terão de guardar um deles antes de pegar outro. Considere restringir os brinquedos a um cômodo da casa.

As crianças mais novas precisarão ser supervisionadas, enquanto aprendem suas tarefas, para entender o que significa "terminado" e receber elogios por sua colaboração. Isso as ajudará a perceber o valor de sua contribuição à família.

Tente algumas destas estratégias para fazer da arrumação uma coisa divertida:

- **Coloque uma cesta de roupas sob um aro de basquete e deixe as crianças atirarem as roupas sujas a distância.**
- **Ajuste o cronômetro para trinta segundos e veja quem consegue apanhar a maior quantidade de coisas espalhadas antes que o alarme toque.**
- **Proponha um jogo de quinze minutos de recolhimento de coisas espalhadas. Os participantes assumem posições no primeiro cômodo. Quando você apitar, eles começam a recolher e guardar as coisas. Quando aquele cômodo parecer em ordem, apite novamente e grite o nome do próximo cômodo. Conclua o jogo com elogios por um serviço bem-feito e uma recompensa especial para o time, como uma tigela de pipoca ou uma ida ao cinema.**

Cada vez mais, pessoas que trabalham fora e famílias com renda duplicada têm contratado profissionais da limpeza. Caso você possa arcar com isso, em vez de chegar do trabalho e enfrentar a rotina doméstica, use seu tempo livre em atividades que considere mais importantes, ou apenas para descansar, relaxar e recarregar as energias.

A melhor maneira de encontrar ajuda doméstica profissional é perguntando aos conhecidos.

Lembre-se de pedir referências. É importante que você se sinta à vontade com a pessoa – ou pessoas – que contratar para limpar sua casa.

CAPÍTULO 2

Limpe um cômodo por vez

Todos os cômodos da casa apresentam o desafio de limpar pisos, paredes e janelas, e na maioria deles a bagunça não tem limites. Quanto menor a bagunça, mais fácil a limpeza. Pense nisto: todas as coisas de que você já não precisa atraem poeira e sujeira. Depois que se livra delas e aprende a evitar a desordem, você pode se dedicar à tarefa de limpar pisos, paredes e janelas sem que haja obstáculos para atrasar sua vida – e isso significa progresso.

Mesmo que você consiga manter a casa limpa, ela não parece assim quando mesas estão cheias de papéis e objetos se encontram empilhados em balcões e no chão. Se você convive com **muitas coisas espalhadas**, vai valer a pena livrar a casa daquilo que só está ocupando espaço.

Só porque você comprou um objeto, ou alguém o comprou para você, isso não significa que tenha de guardá-lo para sempre.

Permita-se passar adiante o que já não seja de seu gosto ou estilo.

A seguir, cinco maneiras para começar a se livrar da bagunça:

- **Reserve uma hora para se livrar da confusão e honre esse tempo.**
- **Livre-se do excesso em uma prateleira, uma gaveta ou uma pequena área e vá até o fim.**
- **Planeje pequenas recompensas por estar resolvendo as coisas. Por exemplo: "Vou limpar a bagunça do balcão da cozinha e, depois, passar meia hora lendo uma revista".**
- **Descubra uma solução simples para alguma coisa frustrante. Por exemplo, se toda manhã você leva dez minutos para encontrar um par de brincos, organize suas joias e suas bijuterias.**
- **Ajuste um cronômetro ou toque seu CD favorito. Quando o alarme tocar, ou o CD terminar, é hora de parar.**

Ao limpar gavetas, prateleiras ou armários, separe os itens em cinco categorias:

1. **Coisas que você adora e/ou usa.**
2. **Coisas que você poderia dar.**
3. **Coisas que devem ir para o lixo.**
4. **Coisas que você poderia vender.**
5. **Coisas que são de outro lugar.**

Leve o que não deveria estar onde você encontrou para seu novo local ou para o lugar correto.

Coloque **fotos** novas em um álbum, em vez de juntá-las à pilha que se acumula nos últimos dez anos. Ainda que nunca encontre tempo para organizar o que já está reunido, de agora em diante suas fotos mais recentes estarão ordenadas.

Separe o que chega pelo **correio**, todos os dias. Jogue fora o que for lixo.

Resista à vontade de largar um objeto no lugar onde por acaso você esteja, depois que não estiver mais em uso. Em vez disso, gaste um tempinho para pôr as coisas no local ao qual pertencem.

Mude algo, como o que você faz com as contas quando elas chegam pelo correio. Em vez de deixá-las no balcão, onde tendem a se perder no amontoado de papéis, arrume uma pasta ou um envelope grande, escreva "Contas" e ponha-as ali assim que chegarem.

Sempre que começar a colocar tudo em ordem, planeje lidar primeiro com o que for mais visível, passando depois para as áreas fora de vista.

Dicas para ajudar a se livrar de objetos:

- **Em vez de pegar cada objeto, enquanto tenta decidir o que fazer com ele, peça para outra pessoa segurá-lo. Manuseá-lo enfatiza sua ligação com ele.**
- **Quanto mais você tem, mais precisa cuidar. Tome a decisão consciente de deixar que outra pessoa assuma a tarefa de cuidadora.**
- **Se ficar indeciso tentando decidir se conserva ou não determinado item, deixe-o de lado por um dia. Se continuar indeciso quanto ao que fazer com esse item, é provável que ele seja algo que você pode dar, jogar fora ou vender.**

Livrar-se do que é desnecessário ajuda a perceber que AS COISAS MAIS IMPORTANTES NA VIDA **não são coisas.**

Um jeito muito simples de encontrar um novo destino para **itens reaproveitáveis** é colocá-los em algum dos sites de doações disponíveis na internet.

Em vez de colocar no lixo, **recicle** as coisas de que não precisa, como sacolas plásticas, garrafas PET, latas, papéis, vidros etc. Você também pode reciclar cartuchos de impressora e óleo de cozinha.

Uma forma comprovada de se livrar de material indesejado, e ainda ganhar algum dinheiro com isso, é promover um **bazar**. Convide amigos e familiares para participar, com o compromisso de que cada um organize e avalie seus próprios itens, ajude no dia da venda e leve embora todos os itens não vendidos.

Para **incentivar seus filhos** a livrar-se de coisas desnecessárias, proponha que fiquem com o valor que obtiverem ao vender os itens em um bazar.

O segredo para manter a organização é encontrar o melhor lugar possível para guardar todas as coisas:

- **Fixe uma barra imantada – daquelas usadas para dispor as facas – na porta de um armário para grudar tesouras, cortadores de unhas e pinças.**
- **Caixas de chapéu, latas e cestos armazenam itens – e, quando guardados em prateleiras, também ajudam na decoração do cômodo.**
- **Etiquete uma caixa pequena ou média, ou mesmo uma embalagem plástica de lenços higiênicos de bebê, e use-a para guardar material de primeiros socorros, maquiagem, analgésicos, vitaminas.**
- **Caixas de papelão de bebidas, com o interior dividido, servem para guardar guarda-chuvas secos ou canudos de trabalhos de arte.**
- **Mantenha uma cesta ao pé da escada para juntar itens que precisam ser levados para cima.**

Livrar-se de objetos que não usa ou de que não necessita é metade do trabalho. ORGANIZAR é a outra metade. Sem organização, você terá de passar a vida livrando-se das coisas.

① Não tenha medo de **pedir ajuda**, caso precise. Por exemplo, quando estiver pronto para limpar seu armário, convide um amigo para ajudá-lo a determinar o que fica bem em você e o que não fica.

① Aprenda a dizer "não, obrigado" para coisas que não quer ou não precisa.

Todo ano, em janeiro, esvazie seu arquivo para abrir espaço para as pastas do novo ano. Guarde apenas **o que precisa**, por razões legais ou financeiras, e descarte o resto. Ao longo do ano, enquanto arquivar, dê uma olhada rápida na pasta para ver se ela contém algum papel que possa ser jogado fora.

❶ A maneira mais fácil de manter uma **casa livre de supérfluos** é esta: para cada item que entrar pela porta da frente, faça um sair pela porta de trás. Quando seu filho ganhar um novo brinquedo, dê um velho para uma criança que precisa dele.

A seguir, algumas estratégias cotidianas para cuidar de pequenas coisas:

- **Arrume uma caixa de "devoluções" para livros de bibliotecas, obras emprestadas e itens que precisem ser devolvidos.**
- **Deixe uma cesta de "descartes" em um ponto central.**
- **Guarde somente algumas sacolas plásticas e vasilhames vazios. Recicle os demais.**
- **Pense duas vezes antes de comprar coisas que exijam manutenção extra, como enfeites que precisam ser espanados ou roupas com instruções especiais de lavagem.**
- **Simplifique. Tome a decisão consciente de se cercar apenas de coisas de que você gosta e as quais use.**

Com a bagunça removida do cômodo que você deseja limpar, fica mais fácil ver o que é preciso ser feito. Graças à gravidade, os **pisos** são um desafio de limpeza diário, enquanto paredes e janelas, em geral, demandam um esforço de duas grandes faxinas anuais. No entanto, a maioria dos pisos requer apenas uma aspiração regular ou uma limpeza com uma solução suave, para manter uma boa aparência.

Dicas para manter assoalhos de madeira maciça limpos e brilhantes:

- **Varra ou passe um pano com frequência. Use uma flanela para dar brilho.**
- **Aspire-os com a mesma frequência com que aspira carpetes. Preste atenção para usar a peça especial para madeiras, não a escova para tapetes.**
- **De vez em quando, passe um pano úmido nos assoalhos envernizados ou lustre os pisos encerados, para renovar o brilho. Aplique, anualmente, uma cera que tanto limpe quanto encere.**
- **Use um pano branco umedecido com removedor de esmalte para retirar óleo, tinta, marcas de caneta, batom ou graxa. Com gelo, endureça sujeiras de cera das velas ou de chiclete e, depois, remova-as delicadamente, raspando com algum plástico duro, como um cartão de crédito.**

Nos assoalhos de **madeira laminada**, passe um pano molhado com uma mistura de uma xícara de vinagre com quatro litros de água morna – ou apenas na temperatura ambiente. Como nos assoalhos de madeira maciça, torça o pano para que ele fique apenas ligeiramente úmido.

1 Se não tiver certeza se o assoalho de madeira é encerado ou envernizado, borrife água nele. Se as gotas ficarem na superfície, provavelmente o assoalho é revestido com verniz.

Não use AMÔNIA em nenhuma superfície na qual foi aplicado recentemente cloro líquido ou qualquer produto que contenha alvejante.

A cada semana, passe um pano em **lajotas de cerâmica, ardósia ou pedra** com um produto de limpeza feito para pisos de cerâmica ou uma mistura de uma xícara de vinagre com quatro litros de água. Não use detergente ou sabão, que podem tirar o brilho da superfície.

Para remover manchas de **rejunte**, raspe-o com um pedaço de lixa dobrada, ou uma borracha para lápis. Para manchas mais difíceis, misture uma colher de sopa de alvejante com meio litro de água morna em um borrifador. Aplique a mistura no rejunte e use uma escova de dente para esfregar entre as lajotas.

Aspire o pó de **pisos de vinil ou de linóleo** e remova qualquer mancha antes de passar um pano úmido. Você pode remover uma marca feita pelo arrastar de pés com uma borracha de artista ou uma para lápis. Passe um pano úmido apenas com água morna em **pisos novos**, ou uma mistura de uma xícara de vinagre branco com quatro litros de água. Evite usar detergentes ou outros produtos de limpeza que deixam um resíduo pegajoso e, assim, atraem sujeira.

Para limpar **pisos de linóleo ou de vinil mais antigos**, tente passar neles um pano umedecido com uma mistura de duas xícaras de amônia com quatro litros de água quente. Use uma vassoura com cerdas de nylon para retirar acúmulos de sujeira de reentrâncias e depressões. Prossiga com uma ou duas camadas de cera para pisos acrílicos para ajudar a mantê-los limpos.

Use o aspirador em tapetes uma vez por semana, no mínimo. Em torno de 85% da sujeira é solta. A **aspiração** frequente ajudará a impedir o atrito dessa sujeira, prolongando a vida útil das peças. Os outros 15% são manchas oleosas ou grudentas que o aspirador não consegue remover, daí a importância de fazer uma limpeza profunda a cada doze ou dezoito meses.

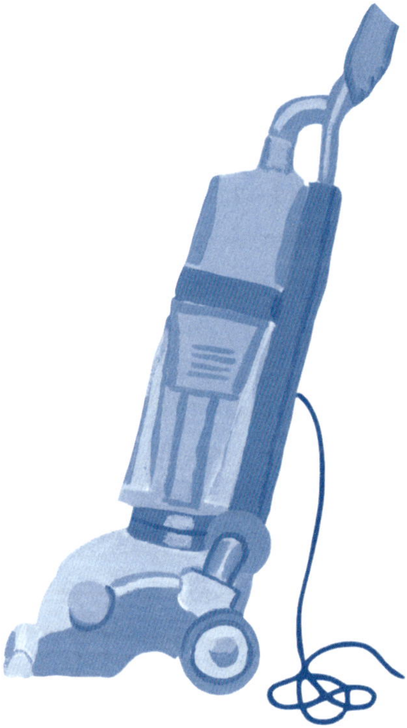

1. Remova as **sujeiras sólidas** que caem no tapete raspando delicadamente o material com uma espátula. Absorva as líquidas com papel-toalha ou toalhas de pano.

Derrame **água oxigenada** sobre manchas mais antigas ou difíceis e cubra com uma toalha molhada. Regule o ferro de passar para "algodão" e passe sobre a toalha, mantendo-o sobre ela entre quinze e vinte segundos. Repita a operação para transferir a mancha para a toalha. Tome cuidado para não queimar o tapete e preste atenção para manter o rosto longe do vapor do ferro.

1 Pense duas vezes antes de recorrer a qualquer **removedor de manchas de tapetes**. Caso ele não elimine a mancha, é preciso enxaguar o removedor para retirá-lo completamente do tapete, antes de tentar outro método. Ainda que a mancha saia com o produto, seus componentes químicos tendem a atrair sujeira para aquele ponto, fazendo com que pareça que a mancha voltou.

Em geral, tudo o que você precisa fazer para manter as paredes com um bom aspecto é limpar as marcas de dedos, de mãos e as manchas nos pontos tocados com frequência. Às vezes, pode ser necessário limpar a parede inteira.

- **Aspire a poeira das paredes.**
- **Encha um balde com dois jatos de detergente e água morna e outro com água limpa.**
- **Comece em uma pequena área no canto inferior da parede. Mergulhe uma grande esponja de celulose no líquido de limpeza, esprema e esfregue com delicadeza.**
- **Enxague a área com uma segunda esponja mergulhada na água limpa e espremida.**
- **Limpe os acabamentos em madeira com um pano que não solte fiapos.**

Ao lavar paredes, vá de baixo para cima, para evitar que o líquido de limpeza escorra, formando faixas de sujeira.

Tire as manchas de **papéis de parede** com regularidade usando um jato de detergente diluído em quatro litros de água. Mergulhe uma esponja na mistura, esprema o excesso de água e limpe a sujeira. Enxágue com uma esponja úmida. Seque com um pano que não solte fiapos.

FAÇA VOCÊ MESMO

Limpa-paredes

Dissolva meia xícara de bórax em quatro litros de água morna e misture com meia colher de sopa de amônia.

Três soluções para limpar marcas de giz de cera em paredes

1. **Umedeça um pano limpo com água e mergulhe-o em bicarbonato. Use-o, com firmeza, para limpar a área e remover as marcas. Isso pode exigir certo esforço.**
2. **Borrife as marcas com óleo anticorrosivo, como o WD-40, e esfregue em movimentos circulares com um pano limpo. Lave qualquer resíduo restante com uma esponja molhada com detergente e água.**
3. **Molhe uma esponja de limpeza, esprema o excedente de água e use-a para retirar as marcas. Essa é, de longe, a solução mais fácil e eficiente.**

No MUNDO IDEAL, janelas são limpas – por dentro e por fora – uma ou duas vezes por ano, no mínimo.

Siga estes passos para limpar janelas e obter um resultado profissional:

1. **Externamente, limpe janelas, peitoris e trilhos com uma vassoura. Internamente, aspire peitoris e molduras.**
2. **Mergulhe um pano no líquido de limpeza. Esprema-o com cuidado. Lave as janelas usando movimentos circulares, começando de fora para dentro.**
3. **Enxugue o vidro com um rodinho, papel-toalha, jornal ou um pano que não solte fiapos. Faça passadas verticais pelo lado de fora da janela, e horizontais pelo lado de dentro. Isso facilita ver se os escorridos são externos ou internos.**
4. **Enxugue pingos em beiradas com um pano absorvente ou deixe secar ao vento.**
5. **Enxugue os peitoris com um pano de chão.**

Evite lavar as janelas em dias ensolarados. Se secarem depressa demais, é provável que fiquem rajadas.

FAÇA VOCÊ MESMO

A melhor fórmula do vovô para limpar janelas

½ xícara de amônia misturada com pequena quantidade de detergente

½ litro de álcool isopropílico

1 colher de chá de detergente

Misture os três ingredientes em um balde. Acrescente água suficiente para fazer quatro litros do líquido que produzirá as janelas mais limpas que você já viu.

Limpe os **anteparos da janela** uma vez por ano. Aspire as cortinas pesadas com um dispositivo para estofados e limpe as leves com uma escova. Lave cortinas transparentes no ciclo delicado da lavadora; pendure-as enquanto ainda estiverem úmidas, evitando dobras.

Espane as **persianas** horizontais regularmente. Quando for preciso remover um acúmulo de sujeira, estenda-a por completo e vire cada lâmina para a posição fechada. Limpe as lâminas de cima para baixo com tecido de microfibra ligeiramente úmido, esponja, escova do aspirador ou espanador. Depois, abra e volte a fechar as lâminas no sentido oposto, repetindo a operação.

SABÃO

CAPÍTULO 3

Dê atenção às áreas comuns

As áreas de sua casa com tráfego intenso – a entrada, a sala íntima, a sala de estar – têm uso regular. São os lugares onde os membros da casa jogam, relaxam, passam e deixam as coisas. O uso constante significa que é preciso uma limpeza frequente.

Na cozinha, a comida é preparada e ingerida, famílias se reúnem e compartilham detalhes da vida delas, visitas são recebidas informalmente. Ela é o coração da casa, e, como qualquer coração, requer cuidado extra para continuar saudável.

É o cômodo mais difícil de ser mantido limpo. Há a bagunça diária com que lidar, além de gordura, farelos e espirrados. Entretanto, o verdadeiro desafio é aquilo que não se pode enxergar: as bactérias. O piso pode estar brilhando e os armários organizados, mas uma cozinha realmente limpa exige **cuidado diário contra os germes**.

Você pode eliminar 99% dos germes com sabão e água quente, mas para matá-los é necessário **desinfetar as superfícies**.

Para isso, limpe com uma solução de cloro líquido (uma colher de sopa de cloro líquido diluído em quatro litros de água), um produto desinfetante para cozinha ou uma borrifada não tóxica de vinagre, seguida por outra de água oxigenada dez volumes. Deixe assentar por alguns minutos, remova e deixe secar naturalmente.

Desinfete tudo que entre em contato com ovos crus, carnes de boi, aves ou peixes, inclusive mãos, tábuas de cortar, balcões, torneiras, utensílios e pratos. Antes de desinfetar, use papel-toalha para retirar ovos crus e carne crua, águas de peixe ou frango e, depois, jogue os papéis fora.

Uma boa ideia é usar uma esponja apenas para lavar pratos e limpar balcões que tenham entrado em contato com carne crua ou ovos, evitando contaminação cruzada.

Desinfete diariamente esponjas e panos de prato.

A melhor coisa que você pode fazer para manter os balcões LIMPOS é mantê-los SECOS. As bactérias estão por toda parte e adoram ambientes úmidos.

Se você limpar uma superfície contaminada por germes, o próprio pano infectará outras áreas quando usado novamente. A seguir, três métodos de desinfecção:

1. **Aqueça esponjas e panos úmidos no micro-ondas em potência máxima por um minuto.**

2. **Durante cinco minutos, mergulhe esponjas em uma bacia com uma solução de uma xícara de cloro líquido com quatro litros de água. Enxágue-as com água limpa e estenda-as para secar.**
3. **Lave esponjas e panos de pia no ciclo de água quente da lavadora de roupas, seque-os na secadora. Jogue-os no lava-louças junto com um suprimento de pratos.**

Você pode remover **manchas de tinta** de um balcão com uma pequena quantidade de álcool isopropílico. Para remover manchas de ferrugem, faça uma pasta com bicarbonato de sódio e vinagre e esfregue com delicadeza.

Para limpar rejuntes, use água oxigenada dez volumes nas junções manchadas e cubra a área com uma toalha. Deixe descansar até o dia seguinte.

Limpe o **triturador de lixo** jogando nele cascas de frutas cítricas com cubos de gelo e água corrente.

Dicas simples para a organização da cozinha:

- **Guarde os itens que não usa com muita frequência no fundo dos armários.**
- **Separe uma vasilha ou cesta decorativa para juntar as miscelâneas.**
- **Limite os utensílios de cozinha aos itens usados no último ano.**

- **Organize os itens da despensa por categoria: macarrões, cereais, enlatados, farinhas, e assim por diante.**
- **Pendure um quadro de cortiça na despensa ou na porta de um armário. Use-o para pregar recados, telefones de emergência, listas de compras etc.**
- **Crie um fichário para arquivar receitas.**

Limpe **pias de aço inoxidável** com esponjas de nylon com sabão. Depois, enxágue e seque. Não use palhas de aço, abrasivos, amônias ou alvejantes, pois podem estragar o acabamento. Se precisar de um poder de limpeza adicional, molhe sua superfície, salpique bicarbonato de sódio ou qualquer outro pó não abrasivo de polir e esfregue delicadamente com uma esponja.

Para **desinfetar** uma pia, use um desinfetante industrializado, uma solução de uma parte de cloro líquido com dezesseis partes de água (a não ser que seja de aço inoxidável) ou um pano umedecido com vinagre branco.

Para remover resíduos brancos que se formam com a evaporação da água, forre a pia com papel-toalha e ensope-o com vinagre branco. Deixe descansar por trinta minutos, no mínimo. Esfregue com uma esponja de malha de nylon, molhada com água e sabão, enxágue e seque.

Para limpar **ralos**, despeje meia xícara de bicarbonato de sódio, seguida por uma xícara de vinagre branco. Tampe o ralo e deixe borbulhar por alguns minutos. Enxágue com água fervente.

Para manchas de ferrugem em pias, tente um polidor de metais ou um produto para limpeza de aço inoxidável.

Limpe **pias de cerâmica** com líquidos não abrasivos ou produtos de limpeza em creme. Remova manchas difíceis e marcas de raspagem com uma esponja embebida em *club soda*.

Para limpar **pias de ferro fundido**, molhe a superfície, salpique bicarbonato de sódio e esfregue com delicadeza com uma esponja de malha de nylon. Use abrasivos apenas na tentativa de remover manchas persistentes, e só de modo esporádico.

1 Remova marcas de dedos, água e germes de **torneiras e instalações cromadas** com um pano saturado de vinagre branco, ou outro pano multiuso descartável.

A pia de sua cozinha tem mais GERMES que seu assento sanitário. Pense nisso na próxima vez em que lavar alimentos.

As tábuas de madeira para carne são mais higiênicas que as de plástico. As marcas de faca no plástico produzem esconderijos para bactérias que são quase impossíveis de exterminar. A madeira maciça as absorve, capturando-as em seu interior. Qualquer bactéria morre três minutos após a superfície ser lavada e seca.

1 Molhe as **tábuas de madeira** e leve-as ao micro-ondas por cinco minutos, em potência máxima, para matar qualquer bactéria ali contida.

Trate mensalmente as superfícies de madeira, prevenindo manchas, odores e bactérias. Aqueça óleo mineral no micro-ondas durante dez segundos. Esfregue-o na superfície, espere por seis horas e absorva o excesso.

Antes de limpar a geladeira, jogue fora qualquer comida vencida. Remova os perecíveis para um recipiente térmico e os demais para um balcão. Lave as partes removíveis com água quente e sabão.

Dissolva duas colheres de bicarbonato de sódio em um litro de água quente. **Esfregue as paredes, as prateleiras e o chão da geladeira e do freezer** com a solução. Enxágue com um pano mergulhado em água limpa e seque. Para remover resíduos secos de comida, ensope uma toalha com a solução de bicarbonato e deixe-a sobre eles. Feche a porta e deixe descansar por vinte minutos, no mínimo, retire a sujeira em seguida.

A **melhor hora** para limpar o interior da geladeira é antes de ir às compras ou quando estiver mais vazia que cheia.

Limpe potes e recipientes antes de recolocá-los dentro da geladeira limpa.

Nunca use cloro líquido para limpar o interior da geladeira: ele pode estragar vedações e revestimentos.

O topo da geladeira pode ficar muito sujo. Para facilitar a limpeza, cubra-o com um **filme plástico** ou um pedaço de tecido que possa ser substituído a cada poucos meses.

Coloque uma caixa aberta de bicarbonato de sódio tanto na geladeira quanto no freezer para **impedir odores**.

Não se esqueça de limpar e higienizar a bandeja inferior de seu refrigerador (desde que seja removível), impedindo que se torne um terreno fértil para bactérias.

Aspire as **serpentinas** embaixo ou no fundo da geladeira pelo menos uma vez por ano, para que o aparelho continue funcionando adequadamente.

Com uma escova de dente, retire detritos dos cantos internos de armários e gavetas. Aspire farelos e limpe com partes iguais de vinagre e água ou com um produto multiuso. A seguir, umedeça um pano com uma mistura de meia xícara de vinagre ou de sabão vegetal líquido com quatro litros de água morna e use-o para **esfregar a frente dos armários e das gavetas**.

Limpe de forma periódica o dispositivo de aquecimento da lava-louças com um pano umedecido com vinagre. Depois, use o pano para limpar o restante de sabão e detergente no recipiente e nos suportes dos jatos.

O acúmulo de depósito mineral na cafeteira pode retardar o tempo de filtragem. Siga estes passos para remover os minerais e restaurar a velocidade do fluxo:

1. **Despeje quatro xícaras de vinagre branco no recipiente de água.**
2. **Coloque a jarra de vidro (com a tampa) na chapa quente.**
3. **Sem um filtro de papel, encaixe o suporte do filtro no lugar e ligue o aparelho.**
4. **Aguarde até que metade do vinagre passe por ele. Desligue o aparelho e deixe descansar por dez minutos. Ligue-o novamente e deixe passar o restante.**
5. **Repita com uma solução de vinagre limpo quantas vezes forem necessárias.**
6. **Passe dois ciclos de água limpa pelo aparelho, para enxaguá-lo.**

Se a cozinha já está limpa, bastam POUCOS MINUTOS por dia para conservá-la assim.

Uma limpeza a vapor é a maneira mais fácil de soltar partículas de comida grudadas no interior do **micro--ondas**. Despeje uma xícara de vinagre ou duas de água em um recipiente próprio para micro-ondas (acrescente uma colher de chá de extrato de baunilha, ou fatias de limão, à água para deixar um perfume refrescante). Ligue o aparelho em alta potência por cinco minutos e depois esfregue para limpar.

Limpe a superfície dos **eletrodomésticos grandes de sua cozinha** com um produto multiuso, água com sabão ou vinagre branco. Enxágue com um pano úmido. Elimine a sujeira difícil com uma pasta de bicarbonato de sódio e água.

Se algo espirrou dentro do forno, salpique sal no resíduo enquanto ele ainda estiver quente. (Se o que foi espirrado estiver seco, molhe levemente o resíduo antes.) Quando o **forno** esfriar, raspe a sujeira com uma espátula e esfregue o que restar com uma esponja com sabão. Você também pode despejar vinagre sobre o resíduo e cobri-lo com uma toalha úmida, até que possa ser removido com facilidade.

Para minimizar futuras dificuldades na limpeza do forno, forre a parte de baixo com **papel-alumínio**, substituindo-o cada vez que ficar sujo.

Cuidados com o forno

Siga as seguintes etapas para limpar o interior do forno, tomando o cuidado de verificar se ele é ou não autolimpante:

- **Fornos comuns – Limpe a vedação da porta, e a área ao redor, com uma esponja de malha de nylon e água quente com sabão. Para remover grandes quantidades de sujeira, use um limpa-forno. Lembre-se de que esses produtos são muito potentes. Proteja o chão de um dano químico permanente espalhando várias folhas de jornal em frente ao forno. Use luvas de borracha para proteger a pele.**

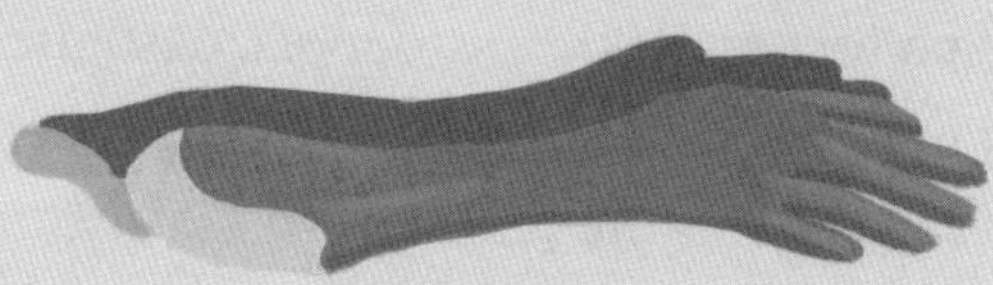

- **Fornos autolimpantes – Use as dicas anteriores para remover crostas queimadas. Se suas grades e a grelha forem prateadas, remova-as e limpe-as seguindo as próximas explicações. Se forem revestidas de porcelana cinza, elas podem ficar no forno para o ciclo autolimpante. Depois que o forno esfriar, use um papel-toalha molhado para retirar o resíduo branco restante.**
- **A grelha e as grades também podem ser limpas com limpa-forno. Borrife-as com o produto dentro de um saco de lixo. Amarre o saco e deixe-o fora de casa por, no mínimo, trinta minutos. Retire as peças do saco e enxague-as com uma esponja molhada. Depois, lave--as com água quente e sabão.**

Para limpar seu forno de **modo natural**, retire toda a gordura e qualquer resto de comida queimada (use as dicas da página 58). Pulverize água na parte inferior do forno e cubra com cerca de duzentos gramas de bicarbonato de sódio. Borrife o suficiente para umedecê-lo e deixe descansar até a noite, voltando a fazê-lo antes de ir para a cama. No dia seguinte, use uma esponja molhada para remover a sujeira.

Use uma esponja de malha de nylon e uma pasta de água e bicarbonato de sódio para limpar suas laterais.

Outra forma de limpeza natural é feita com **amônia**. Preaqueça o forno a 100 °C e, depois, desligue-o. Coloque uma pequena bacia de amônia no forno, feche a porta e deixe descansar durante a noite. No dia seguinte, limpe o interior com esponja, água e sabão. Para remover resíduos de assados, utilize uma esponja de malha de nylon.

Uma **grelha** suja pode ser borrifada com detergente, enquanto estiver quente, e em seguida coberta totalmente com papel-toalha molhado ou um pano de prato. Deixe-a descansar por trinta minutos, antes de lavá-la com água quente e sabão.

A ATITUDE MAIS SIMPLES que você pode adotar para facilitar o trabalho doméstico é manter a sujeira longe.

Capachos de boa qualidade em cada entrada da casa – do lado de dentro e de fora – reduzirão enormemente a quantidade de sujeira que vem na sola dos sapatos.

Incentive os membros da família e as visitas a **tirar os sapatos** antes de entrar em casa, deixando porta-sapatos ou cestas ao lado da porta de entrada.

Mantenha um estoque de toalhinhas perto da entrada para limpar as patas sujas ou molhadas de seus amigos de quatro patas.

A organização das áreas de tráfego intenso pode facilitar muito a limpeza:

- **Mantenha uma cesta próxima à porta como local temporário para itens emprestados que precisam ser devolvidos.**
- **Desencoraje o abandono de correspondência, livros e mochilas na mesa da sala de jantar arrumando-a com jogos americanos, pratos, prataria, talheres e velas.**
- **Organize livros, vídeos, DVDs e CDs por categoria.**
- **Guarde revistas e catálogos na posição vertical. Além de parecerem mais arrumados, será mais fácil encontrar e reciclar os números mais antigos.**
- **Esconda projetos de artesanato e outros trabalhos que estejam sendo feitos atrás de um biombo decorativo.**

A frequência com que você precisa limpar as áreas de vivência cotidiana depende de quanto elas são usadas e das atividades que ocorrem no local.

A **limpeza diária** poderia incluir recolher a bagunça todas as noites, dobrar o que estiver largado, afofar as almofadas e limpar manchas em móveis, carpetes e tapetes.

A rotina de limpeza semanal deve incluir:

- Espanar lustres.
- Tirar pó das superfícies e dos objetos expostos.
- Limpar e lustrar os móveis de madeira.
- Passar aspirador e pano.

FAÇA VOCÊ MESMO

Produto para limpar e lustrar madeira

Misture meia colher de chá de azeite de oliva com meia xícara de vinagre ou suco de limão em um borrifador plástico. Agite bem. Acione-o sobre uma flanela ou um

pano de microfibra para limpar e lustrar os móveis de madeira. O vinagre, ou o limão, limpa a madeira, e o azeite a lubrifica.

Passe o aspirador de pó nos **móveis estofados** com seu acessório específico. Entre cada aspirada, remova cabelos, pelos e partículas de comida com um rolo aderente ou esponja de espuma.

Para manchas em móveis estofados, pressione imediatamente com um pano branco limpo molhado em água morna. Para evitar que a mancha se espalhe, trabalhe de fora para dentro. Se não funcionar, borrife água oxigenada dez volumes na mancha e cubra com uma toalha. Pressione-a sobre o tecido, deixando-a ali por oito horas ou até o dia seguinte. Repita quanto for necessário.

Limpe móveis **mais antigos** por inteiro para evitar um tecido com visual manchado.

A seguir, alguns truques simples para limpar outros móveis da casa:

- **Passe aspirador nas cúpulas de abajur com sua respectiva escova de limpeza; esfregue com uma broxa limpa ou limpe-as delicadamente com uma esponja ou rolo aderente.**
- **De tempos em tempos, retire os vidros de proteção das luminárias de teto, removendo a sujeira e os insetos mortos.**

- **Esfregue as pás do ventilador com um pano umedecido com vinagre branco para eliminar a gordura e a sujeira.**

- **Limpe as bordas das páginas de livros com uma escova de cerdas naturais firmes e as capas com um pano macio. Alinhe os livros com a borda externa das prateleiras, evitando que a poeira se acumule nesses pontos.**
- **Coloque sal em um saco de papel e junte as flores artificiais. Sacuda com força para limpá-las.**
- **Borrife limpa-vidros em um pano e esfregue o vidro e as molduras de quadros e fotografias.**
- **Limpe as velas sujas com uma bola de algodão absorvente embebida em álcool isopropílico.**
- **Espane as lâmpadas regularmente. Lâmpadas limpas economizam eletricidade e duram mais tempo, porque acumulam menos calor interno. Uma lâmpada suja emite 20% menos de luz que uma limpa.**

Um anel branco na madeira provavelmente é uma mancha na cera, não na textura. Experimente as simples soluções a seguir para removê-lo:

- Esfregue um tecido de algodão umedecido com álcool desnaturado.
- Aplique uma pequena quantidade de pasta de dente na mancha. Esfregue com um pano limpo.
- Aplique maionese na mancha e esfregue. Deixe descansar até o dia seguinte.
- Esfregue partes iguais de azeite e vinagre branco com um pano limpo. Remova a mancha e torne a encerar.

Uma vez por mês, desconecte **seu computador** da tomada e limpe o gabinete e o monitor, ou o laptop e a tela de cristal líquido, com um tecido de microfibra levemente umedecido com água. Nunca aplique produtos de limpeza.

Limpe a parte de cima das teclas sujas com um pano umedecido com álcool isopropílico.

CAPÍTULO 4

Areje os quartos

Não há nada melhor do que uma cama arrumada ou um banheiro brilhando para ajudar a relaxar quando se tem um tempo só para si. No entanto, se você dedica a maior parte de seu tempo a seu bebê, por exemplo, você sabe que manter o quarto dele limpo é importante para o bem-estar de ambos.

Algumas áreas da casa são esquecidas por serem mantidas a portas fechadas. O segredo para mantê-las limpas e arrumadas é uma organização periódica e uma rotina regular de limpeza.

Mantenha um **quarto limpo e aconchegante** estabelecendo uma rotina. Toda manhã, ponha para fora tudo que não pertença a ele. Antes de ir para a cama, gaste alguns minutos guardando as roupas que voltará a usar e coloque todo o resto no cesto de roupas sujas ou no saco da lavanderia.

Para uma cama que praticamente se arruma sozinha, substitua o lençol de cima e a colcha por um **edredom com capa**. Apenas dê uma sacudida no edredom e sua cama ficará instantaneamente arrumada.

Sua rotina semanal de limpeza pode incluir as seguintes atividades:

- **Arrumar a superfície da cômoda.**
- **Guardar todas as roupas limpas.**
- **Espanar o que estiver pendurado e outros enfeites.**
- **Lustrar os móveis de madeira.**
- **Espanar lâmpadas e cúpulas.**
- **Trocar os lençóis (ou as capas dos edredons) e as fronhas.**
- **Limpar os interruptores.**
- **Sacudir os tapetes das áreas pequenas.**
- **Aspirar o pó do piso.**

Ao limpar o chão, não se esqueça de fazê-lo **debaixo da cama**. Use o aspirador de pó em pisos frios para retirar bolas de poeira.

Para evitar guardar uma pilha de roupas limpas, considere lavar as roupas de cama e colocar o mesmo jogo de lençóis de volta ao uso. Para variar, use um jogo diferente nas mudanças de estação.

Sempre que possível, deixe as janelas dos quartos ABERTAS PARA AREJAR.

Dicas para organização dos quartos

- **Em cada quarto, coloque uma cesta de roupas sujas e um cesto de lixo.**
- **Deixe uma tigela ou uma cesta decorativa em cima das cômodas para juntar moedas e itens dos bolsos.**
- **Crie espaços para guardar coisas, colocando prateleiras no closet, gaveteiros avulsos e compartimentos sob a cama e acima das portas.**

- **Instale cabides de gancho em seu closet, ou atrás de uma porta, para arejar roupas usadas que voltará a usar antes de lavar.**
- **Mantenha o piso de seu closet livre para facilitar o manuseio do aspirador.**
- **Periodicamente, faça um inventário de seus armários e gavetas. Dê ou venda tudo o que já não aprecia ou deixou de usar.**

Mesmo que o **quarto de hóspedes** seja pouco usado, ainda assim precisa ser limpo. Uma vez por mês, coloque a colcha na secadora durante dez minutos para matar ácaros. Espane prateleiras, quadros, lustres, cúpulas de abajur e lâmpadas; mantenha o brilho dos móveis; dê uma sacudida nos tapetes pequenos; passe o aspirador.

Antes da chegada das visitas, abra espaço no armário para as roupas delas. Deixe sobre a cama um conjunto de toalhas para cada hóspede. Depois que se forem, retire toda a roupa de cama e lave. Use o aspirador sobre o colchão e borrife sobre ele um produto aromatizante para tecidos. Deixe-o arejar e refaça a cama.

Crianças querem privacidade, não importa a idade que tenham. Faça-as saber que, se mantiverem seus quartos limpos, você não precisará entrar, a não ser para inspeções periódicas, avisadas de antemão. Estabeleça uma rotina de **arrumação matinal**, que pode incluir fazer as camas, pendurar as toalhas e guardar os pijamas, e outra, noturna, que prevê organizar os brinquedos e jogar as roupas sujas no cesto.

Dependendo da idade, as crianças também podem se responsabilizar por certa limpeza semanal de seus quartos, como tirar pó dos móveis ou passar aspirador. Se tiverem de usar produtos de limpeza, acompanhe-as.

O truque para fazer que as crianças permaneçam organizadas é tornar a coisa fácil:

- **Um saco de tecido pendurado atrás da porta a uma altura acessível pode ser usado para guardar brinquedos pequenos.**
- **Reúna bichos de pelúcia e de pano em uma rede de nylon pendurada em um canto. Ou coloque fitas coloridas horizontais entre ganchos com pregadores para pendurar bichos de pelúcia pequenos ou algum trabalho de arte.**
- **Guarde brinquedos e jogos em prateleiras, e não em caixas.**
- **Instale ganchos de parede na altura das crianças para mochilas, pijamas e roupas.**
- **Aumente o espaço de armazenamento com gavetas que deslizem sob a cama das crianças.**
- **Etiquete prateleiras, gavetas, baús etc. Para crianças menores, identifique com desenhos, fotografias ou ilustrações recortadas de revistas.**

Sugestões para os cuidados e a lavagem das roupas de cama, mesa e banho:

- **Lave as roupas novas de cama, mesa e banho antes de usar.**
- **O amaciante diminui a absorção das toalhas. Use-o apenas uma vez por mês.**
- **Evite usar cloro líquido para branquear lençóis. Eles acabarão amarelando.**
- **Guarde um jogo de lençóis entre o colchão e o estrado para uma troca rápida.**
- **Use uma capa para proteger o colchão e reduzir a presença de ácaros.**
- **Lave os travesseiros na lavadora de roupas no ciclo delicado e passe-os duas vezes pelos ciclos de enxaguar e centrifugar.**
- **Junte duas bolas de tênis limpas quando puser travesseiros e edredons de plumas na secadora para que fiquem fofos.**

A melhor defesa contra ÁCAROS e outros alérgenos é um bom ataque. Limpe frequentemente quartos, roupas de cama e armários para mantê-los controlados.

O **banheiro** tem a reputação de ser o lugar mais complicado da casa quando se trata de limpeza. No entanto, não precisa ser assim. Há algumas ações muito simples que você pode adotar todos os dias para interromper o avanço das bactérias, do mofo e dos ácaros.

-①- Use diariamente um produto para limpeza de boxes sem necessidade de esfregar para impedir o acúmulo de resíduos de sabão. **Passe o rodo** nas portas e nas paredes após cada ducha, para inibir a criação de mofo. Use um exaustor ou abra a janela enquanto estiver tomando banho para eliminar a umidade.

-①- Pendure as toalhas para que sequem o mais depressa possível.

Seque a pia, as torneiras e o balcão todas as manhãs depois de seu uso final.

Use um produto de limpeza que seja liberado a cada descarga ou, então, escove o vaso uma vez por dia para mantê-lo limpo.

Despeje um produto multiuso no suporte da escova do vaso sanitário para **mantê-la limpa** e pronta para ser usada.

Mantenha lenços desinfetantes à mão para limpezas rápidas.

A cada semana, faça uma limpeza mais completa em seu banheiro, de **cima para baixo**. Use uma solução diluída de produto multiuso, ou algum material específico para banheiros, limpando pias, balcões e boxes.

Reserve esponjas ou panos exclusivos para a limpeza da área do vaso sanitário, onde provavelmente se encontra a maior concentração de germes.

Evite guardar escovas de dente perto do vaso sanitário. A cada descarga, partículas de água (e de germes *E. coli*) podem se espalhar por até seis metros de distância. Sempre feche a tampa do vaso sanitário antes de dar a descarga.

-①- Se preferir limpar o banheiro **quando sobrar um tempo**, priorize o vaso sanitário, a pia e o espelho enquanto supervisiona as crianças na banheira.

-①- Usando o produto não tóxico a seguir, limpe o box enquanto estiver dentro dele. Esfregue as paredes, o chão e você também (mas não com o mesmo produto!).

FAÇA VOCÊ MESMO

Produto para limpar banheira e azulejos

Misture um quarto de xícara de bórax com um quarto de xícara de bicarbonato de sódio e acrescente uma xícara e meia de água quente. Aplique, esfregue e enxágue.

Ideias para ajudar nos desafios mais desanimadores do banheiro:

- **Elimine as manchas no vaso sanitário ou em qualquer superfície de porcelana com um bastão de pedra-pomes.**
- **Esfregue o mofo com algumas gotas de detergente líquido diluído em água morna. Depois, use uma mistura de uma xícara e um quarto de cloro líquido com quatro litros de água. Espere vinte minutos e repita.**

- **Com exceção dos rejuntes, borrife vinagre branco no mofo. Deixe por um tempo e não enxágue.**
- **Periodicamente, lave as cortinas plásticas do chuveiro na lavadora com água quente e detergente no ciclo regular. Junte uma toalha de banho para ajudar a eliminar o mofo e o limo.**

Para manter o **quarto do bebê** e seus utensílios sempre limpos, é importante desinfetar as superfícies mais prováveis de contaminação (com resíduos de troca de fraldas), incluindo brinquedos que as crianças põem na boca, grades do berço, o trocador e a lixeira de fraldas usadas.

Depois do uso, remova a **bandeja do cadeirão** e esfregue-a com água morna e sabão. Enxágue e seque. De vez em quando, use uma escova de dente para limpar suas fendas. Lave todas as outras partes com uma esponja, sabão e água quente. Em seguida, esfregue as superfícies com água oxigenada e deixe secar naturalmente.

Use um aspirador de pó portátil para limpar fendas e cantinhos de **cadeirinhas para carro e carrinhos de bebê**. Limpe os objetos com água morna e sabão e enxugue.

Periodicamente, use uma esponja, água morna e sabão para limpar o **chiqueirinho**. Desinfete com água oxigenada.

① Lave os **mordedores e os brinquedos** na parte superior da lava-louça ou à mão, com água quente e sabão. Desinfete depois de uma doença, ou se compartilhados com outras crianças, usando água oxigenada. Lave os brinquedos de pano ou de pelúcia sempre que necessário.

Os **bebês** correm um risco maior que os adultos à exposição de produtos químicos, porque a pele e os sistemas respiratório e gastrintestinal dos pequenos têm mais poder de absorção de materiais tóxicos.

FAÇA VOCÊ MESMO

Produto natural de limpeza e desinfecção

Misture quinze gotas de extrato de semente de grapefruit com duas xícaras de água morna. Despeje a solução em um borrifador. Molhe a área com a solução, deixe por, no mínimo, quinze segundos, e depois enxugue-a (cortesia de Pure Liquid Gold).

A proteção mais eficaz contra a propagação de doenças é LAVAR AS MÃOS com frequência, em especial depois de usar o banheiro e trocar a fralda do bebê e antes de preparar a comida ou comer.

Se você estiver usando um colchãozinho de plástico sobre o **trocador**, limpe-o com um lenço desinfetante depois de cada troca. Remova e lave as capas de pano sempre que necessário. Desinfete a superfície com uma solução diluída de água sanitária quando sujar.

Despeje a sujeira sólida das fraldas descartáveis no vaso sanitário e dê a descarga. Dobre a fralda com o lado sujo para dentro e jogue-a no lixo.

Após cada descarte, salpique de modo generoso bicarbonato de sódio diretamente na fralda ou na lixeira para prevenir odores.

Obrigações com a fralda

As fraldas de pano devem ser pré-lavadas com sabão em pó em água fria, no ciclo molho, para remover a sujeira sem que fiquem manchadas. Depois, lavadas com água quente no ciclo mais longo, com enxágue em água fria.

A seguir, veja algumas opções e certos cuidados na lavagem:

- **Para as peças do bebê, recomenda-se detergente sem perfume.**

- **Acrescente meia xícara de bicarbonato de sódio à lavagem, para ajudar a branquear e amaciar as fraldas. Com isso, use menos sabão.**
- **Às vezes, você pode usar alvejante para esterilizar e branquear as peças, mas o uso regular enfraquecerá o tecido.**
- **Amaciantes industrializados reduzem o poder de absorção das fraldas, portanto, use-os de forma esporádica.**
- **Uma alternativa para amaciantes é o vinagre branco. Use meia xícara no ciclo de enxágue, a menos que haja calças plásticas, pois ele reduzirá sua impermeabilização. Siga sempre as instruções da etiqueta de cuidados no que se refere às calças plásticas.**

- **Coloque as fraldas na secadora no ajuste de calor máximo, durante sessenta minutos, ou até que estejam completamente secas. A secagem à máquina ajuda a esterilizá-las, mas você também pode adotar a ação direta do sol, que tem igual efeito. Para desinfetar a lavadora de roupas, faça um ciclo de lavagem só com alvejante antes da próxima carga de roupas.**

1 Se você usa um forro de pano no balde de fraldas de tecido, tenha dois. Assim, sempre haverá um forro limpo disponível quando o outro estiver sendo lavado.

Lave todas as roupas e as fraldas novas do bebê antes de usá-las, para remover resíduos químicos.

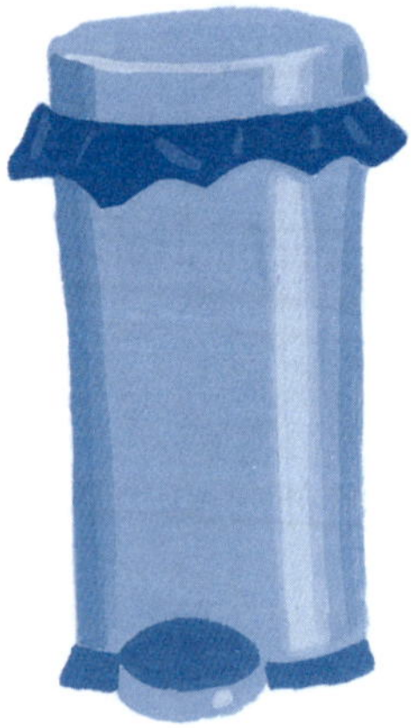

Em nome da segurança

- **Mantenha o chão onde seu bebê brinca tão limpo quanto possível.**
- **Mantenha a lixeira de fraldas fechada para que o bebê não mexa.**
- **Certifique-se sempre de ter boa ventilação quando estiver fazendo limpeza perto do bebê. Quando usar água sanitária, faça-o quando o bebê estiver em outro cômodo, e sempre mantenha a janela aberta.**
- **Ao limpar fluidos corporais, como sangue, vômito ou fezes, use luvas de borracha e depois lave bem as mãos.**
- **Mantenha as unhas curtas e lave as mãos com frequência, para diminuir a chance de espalhar germes.**

Alguém teve um "acidente"? De vez em quando acontece. Se for esse o caso, impeça que o cheiro de urina permaneça no colchão, seguindo estes passos:

1. Umedeça a área do "acidente" com um pano limpo e molhado.
2. Borrife a área umedecida com detergente bórax.
3. Use o pano molhado para esfregar toda a área.
4. Deixe que a área seque e, depois, aspire o resíduo.

Mantenha todos os produtos de limpeza LONGE DO ALCANCE das crianças. Qualquer ingestão pode ser fatal!

Porões e sótãos precisam somente de uma limpeza periódica. A **lavanderia**, por outro lado, deve fazer parte da limpeza regular da casa.

Guarde o sabão em pó e outros produtos em armários ou prateleiras. Os forros das prateleiras podem ser esfregados com uma esponja para remover a poeira e a sujeira. Para manter o chão da lavanderia livre, pendure a tábua de passar roupa na parede, ou atrás da porta, e, em vez do tradicional varal para a secagem de roupas, pense em adotar um dispositivo dobrável de parede.

Limpe mensalmente a tampa e o topo da **lavadora de roupas** com partes iguais de vinagre branco e água. Retire os recipientes de sabão e amaciante e, dentro do tanque, derrame um pouco dessa solução neles. Esfregue-os com uma escova de dente velha e enxágue.

Limpe de resíduos o tubo da lavadora operando um ciclo de água quente com duas xícaras de vinagre branco.

Se possível, estabeleça uma área **prévia de lavagem no tanque**. O importante é que seja longe da lavadora e da secadora, uma vez que muitos produtos removedores de sujeira e manchas podem danificar o acabamento e os painéis de controle desses aparelhos.

Limpe o filtro de fiapos depois de cada lavagem. Uma vez por ano, chame um técnico qualificado para limpar a secadora.

Se preferir, limpe-a você mesmo da seguinte maneira:

- **Remova o filtro de fiapos e use o aspirador para retirar todos os fiapos acumulados sob o filtro.**
- **Afaste a secadora (e também a lavadora) da parede e aspire a parte traseira dela e o chão.**
- **Limpe o duto de exaustão. Tire a secadora da tomada, desconecte o tubo, aspire e volte a conectá-lo.**
- **Depois de ligar a secadora, verifique por fora se as pás internas do exaustor estão se movimentando livremente. Se o exaustor apontar para baixo, segure um espelho sob ele para ter uma boa visão.**

Limpe a sola ou parte de baixo de seu **ferro de passar** roupa para remover o acúmulo de minerais que podem manchar o tecido. Esfregue-a com um pano ensaboado. Remova a corrosão com um pano saturado de vinagre branco.

Se os buracos da sola soltarem **depósitos minerais**, o reservatório do ferro precisa de uma limpeza. Encha um quarto do reservatório com vinagre branco e passe uma toalha até que ele fique vazio. Repita a ação, se necessário. Enxágue com água destilada. Passe o ferro apenas com água destilada, para prevenir acúmulos, procurando esvaziar a água na pia, enquanto ele ainda estiver quente, até esgotar o reservatório.

A parte mais difícil de limpar e organizar um **porão, um sótão ou uma garagem** é começar. Programe um dia de faxina familiar. Ou separe de trinta a sessenta minutos semanais para seu projeto de organização do que está acumulado. Divida os objetos em categorias:

Doar: objetos em bom estado que alguém poderia usar.

Vender: objetos que você pode deixar em um bazar ou em consignação em uma loja.

Jogar no lixo: qualquer coisa gasta ou quebrada que não valha a pena consertar.

Conservar: tudo o que você tenha usado recentemente ou que ame de verdade.

Junte os itens que vão ser jogados fora com o próprio lixo regular, a não ser que pertençam à categoria de **sobras perigosas**. Além dos vários tipos de produtos de limpeza, os itens perigosos incluem:

- Tintas e tíneres.
- Óleos de motor e gasolina.
- Fluidos de freio e de transmissão.
- Baterias de carro.

Verifique nos postos de coleta de sua cidade qual a melhor maneira de descartar esses itens.

Dicas simples de armazenamento

- **Decida onde guardar cada coisa de acordo com a acessibilidade que ela exige.**
- **Em locais de difícil acesso, armazene as coisas que você usa ocasionalmente, como as decorações de Natal e os comprovantes das declarações de Imposto de Renda.**
- **Separe e guarde itens parecidos juntos (equipamentos esportivos, ferramentas, recordações etc.).**
- **Para facilitar o empilhamento, compre recipientes de igual tamanho e etiquete cada um.**
- **Use recipientes com tampa, em vez de caixas de papelão, para evitar insetos e umidade.**
- **Mantenha engradados secos no alto, usando prateleiras resistentes ou estrados.**
- **Cubra os itens grandes com lençóis ou lonas, para protegê-los da poeira.**

PARTE 2

Desafios internos e externos

SABÃO

CAPÍTULO 5

Roupas e acessórios

Já houve algum dia em que você *não* teve contato com nenhum item pessoal que precisava de limpeza? Provavelmente, não. Todos os dias, enfrentamos os desafios de sapatos, roupas e óculos sujos. Na maioria das casas, o grande desafio é a roupa. E a limpeza diária também significa cuidar de tudo, das malas às joias. Se você já se pôs a pensar em como lavar lingerie ou remover mofo de couro, encontrará as respostas para essas dúvidas, e para muitas outras, nas páginas seguintes.

Roupa suja é uma dessas tarefas que parecem não ter fim, principalmente no caso de famílias grandes. Assim que você acaba de lavar uma **carga de roupa**, aparece uma nova leva. Não há muito a fazer quanto a isso, apenas tentar tornar todo o processo mais eficiente.

1 Destine uma **cesta de roupas sujas** para cada membro da família. Faça com que todos usem a própria cesta para levar a roupa suja até a lavanderia, e para devolver a roupa limpa para seu respectivo quarto.

Comece separando as roupas sujas em três tipos principais de pilhas de lavagem: **brancas, claras e escuras**. A seguir, selecione-as por tipo de tecido e grau de sujeira. Discrimine as peças delicadas, como tricôs e tecidos finos.

1 A maneira mais simples de separar as roupas na lavanderia é usar um carrinho com três grandes sacos de tecido presos a uma estrutura forte de metal.

Lave as **peças muito sujas** separadas das peças de uso diário que estejam ligeiramente sujas. Como a sujeira se deposita na água de lavagem, lavar as roupas muito sujas com as que estejam apenas um pouco sujas pode fazer com que as últimas fiquem ainda mais sujas!

Lave as peças delicadas em separado. Use o ciclo delicado de sua lavadora e depois a pendure para secar, ou mande lavar a seco.

Não lave **toalhas** e tecidos felpudos com veludos cotelê e roupas que atraiam fiapos.

Nunca lave roupas claras e escuras juntas; UMA ÚNICA MEIA VERMELHA pode transformar toda uma carga de roupa branca em cor-de-rosa.

A escolha da temperatura da água depende do grau de sujeira, do tipo de tecido e da durabilidade das cores nas peças a lavar:

- **Recomenda-se água quente, em torno de 54 ºC, para conservar o branco das roupas. Também use água quente para fraldas e roupas muito sujas.**
- **Use água morna, entre 32 ºC e 43 ºC, para lavar tecidos claros, os que desbotam, os que não amassam ou os moderadamente sujos.**
- **Use água fria, à temperatura de 27 ºC ou menos, para lavar roupas pouco sujas, escuras ou de cores fortes, as que possam desbotar ou perder o brilho e peças delicadas, inclusive lãs laváveis que encolhem em temperaturas mornas.**

Ao selecionar o **programa da lavadora**, escolha o ciclo delicado ou manual, para tecidos delicados, e o ciclo que não amassa, para reduzir dobras e marcas nos tecidos sintéticos. Use o normal ou regular para todos os outros tipos de lavagem.

-①- Não sobrecarregue a lavadora. Sacuda e jogue as peças soltas no tambor e não encha mais do que **três quartos de sua capacidade**.

Antes de acrescentar cada peça à lavadora, certifique-se de que ela esteja pronta para ser molhada:

- Cuide previamente das manchas.
- Feche os zíperes e os colchetes.
- Amarre as tiras e os cordões frouxamente.
- Remova o que estiver em bolsos, inclusive os fiapos.
- Retire todos os acessórios não laváveis, como cintos, *bottons* e fivelas.
- Desenrole as mangas das camisas.
- Vire as peças escuras e as estampadas do avesso, para preservar as cores.
- Conserte bainhas desmanchadas e partes descosturadas.

Sinta-se à vontade para ajustar a medida **recomendada de sabão**, de acordo com a necessidade. Use uma quantidade maior do que a ideal para uma carga maior de roupas ou para peças muito sujas. Use uma porção ligeiramente menor do que a prevista para cargas menores ou roupas menos sujas.

Em vez de **amaciante industrializado**, junte meia xícara de vinagre branco no ciclo de enxágue, para ajudar na maciez das roupas. No entanto, saiba que ele pode desbotar um pouco as peças mais escuras.

Tome cuidado para não lavar uma peça recém-manchada sem primeiro tentar remover a nódoa. Aplique um detergente, previamente, e logo depois lave a peça, ou enxágue-a por completo, para evitar a descoloração.

Mantenha em sua bolsa, ou no porta-luvas, um bastão removedor de manchas para cuidar daquelas que tenham proteína como base (ovos, produtos derivados do leite, sangue, sorvete etc.), assim que surgirem.

Nunca use **cloro líquido** na lavagem se for colocar vinagre no enxágue; utilize um alvejante de oxigênio em pó. A combinação de cloro e vinagre pode resultar em vapores nocivos.

Peças delicadas, como lingeries ou itens com etiqueta do fabricante que recomende **lavagem à mão**, não devem ser postas na lavadora. Coloque-as em uma pia, com água fria. Acrescente uma tampa cheia de detergente ou de sabão para roupas delicadas. Faça que a água ensaboada embeba todo o tecido e deixe de molho por dez minutos. Enxágue com água fria. Não torça. Estique a peça sobre uma toalha branca, depois enrole a toalha e comprima, extraindo a água. Desenrole a tolha e pendure a roupa, ou deixe-a secar, esticada.

Quanto mais perto um cesto de roupa suja estiver do lugar onde os membros da casa se despem, MAIS PROVÁVEL será que as roupas sujas acabem dentro dele.

Se a etiqueta do fabricante de uma roupa diz **lavar somente a seco** (*dry clean only*) não use água, nem mesmo para tirar uma mancha. Peças constituídas de *rayon*, seda ou um misto de lãs podem encolher ou mudar de cor, ou ainda perder a forma.

1 Sempre retire as roupas lavadas a seco dos plásticos protetores e deixe que arejem, para evitar respirar o percloroetileno, produto químico da lavagem.

Se estiverem com um cheiro químico *muito forte*, é sinal de que não estão secas ou que o solvente não foi bem retirado. Areje-as por um dia, no mínimo. Se notar o cheiro forte com frequência, pense em mudar de lavanderia.

Quando tirar as roupas da lavadora, examine atentamente cada peça que estava manchada. Se a **mancha** continuar, volte a lavá-la.

Limpe o filtro de fiapos antes de **encher a secadora**. Separe as peças que precisam secar em varal ou estendidas. Use a regulagem de temperatura normal para secar algodão e peças mais pesadas. Selecione a regulagem para tecidos que não amassam, para secar tecidos leves ou sintéticos. A regulagem baixa é usada para secar peças delicadas. A regulagem de circulação de ar não foi feita para secar, mas é útil para tirar o pó das cortinas ou para amaciar tecidos.

Evite sobrecarregar sua secadora. Se as roupas tiverem **espaço para circular**, secarão mais depressa e com menos vincos.

Para diminuir o tempo de secagem, tente acrescentar amaciante industrializado em seu ciclo de enxágue, quando estiver lavando.

Precisa diminuir os vincos de uma carga de roupas amassadas que ficou muito tempo na secadora? Jogue no aparelho uma toalha úmida, que não solte fiapos, e ligue no ciclo baixo, por dez a quinze minutos.

Ao remover roupas ligeiramente úmidas da secadora, você reduz a necessidade de passá-las. Estas dicas são úteis para roupas que precisam ser passadas:

- **Comece com peças que exijam a regulagem de calor baixo, como sedas e sintéticos, e termine com as que demandam mais calor.**
- **Para passar a vapor, use água destilada, despejando-a no compartimento do ferro antes de ligá-lo.**
- **Passe primeiro as áreas menores, como colarinhos e punhos, e as maiores por último.**
- **Os borrifadores de amido (goma) facilitam o ato de passar roupas e dão um acabamento firme para tecidos mais pesados, como o algodão.**

NUNCA **deixe a secadora funcionando enquanto estiver dormindo ou se sair de casa. O acúmulo de fiapos no duto externo, ou uma secadora com defeito, pode causar um incêndio.**

Qualquer aplicador de cosméticos que entre diariamente em contato com sua pele pode se tornar um terreno fértil para bactérias. A seguir, estão algumas orientações simples para manter todos esses utensílios — e a sua pele também – limpos:

- **Lave os aplicadores de sombra, as esponjas cosméticas reutilizáveis, a esponja compacta e a esponja de *blush* pelo menos uma vez por semana com um xampu suave e deixe-os secar. Ou faça uso diário de uma esponja descartável.**
- **Limpe as peças de metal e as almofadas de seu *curvex* com uma bola de algodão embebida em removedor de maquiagem.**

Os apetrechos de banho também precisam de cuidados regulares. Enxágue sua **bucha** em água quente, depois de cada banho, para remover as células mortas que estavam na sua pele e impedir o desenvolvimento de bactérias. Sacuda-a para eliminar o excesso de água e pendure-a para secar fora do box, evitando a formação de mofo.

Para limpar a bucha, enxágue-a com água limpa; depois, mergulhe-a em uma solução de uma colher de chá de cloro líquido com um litro de água morna. Se possível, deixe-a secar ao sol.

Uma vez por semana, leve sua **esponja de banho sintética** à lavadora de roupas no ciclo de água quente.

Os cuidados com as **escovas de cabelo** prolongarão sua durabilidade. Uma vez por semana, no mínimo, use um pente para soltar os chumaços de cabelo das cerdas. Mais ou menos mensalmente, remova os cabelos e esfregue a peça e suas cerdas com uma escova de dente mergulhada em água misturada com detergente. Enxágue rapidamente, segurando a escova na vertical com o cabo virado para cima, e deixe secar em uma superfície dura, longe da luz do sol, com as cerdas viradas para baixo.

Não mergulhe as escovas de boa qualidade, com cerdas naturais, dentro d'água. Siga as instruções do fabricante para obter melhores resultados.

Com o tempo, seu **secador de cabelos** ficará cheio de fiapos, fazendo-o superaquecer. Uma vez por mês, desconecte-o da tomada, abra a grade traseira e remova a tela. Use uma escova de dente macia para retirar a poeira e os fios grudados na tela. Recoloque as partes.

Para limpar seu ***babyliss***, retire o aparelho da tomada e limpe o lado de fora com uma esponja úmida e sabão. Umedeça uma bola de algodão com álcool isopropílico, ou removedor de esmalte, e passe na área suja. Enxágue com um chumaço de algodão umedecido com água.

Compre escovas de dente de preço acessível para SERVIÇOS ESPECIAIS DE LIMPEZA.

Nove usos para escovas de dente:

1. **Limpar o espremedor de alho.**
2. **Limpar o ralador manual.**
3. **Esfregar tira-manchas em tecidos antes da lavagem.**
4. **Esfregar em torno da base de torneiras, em banheiros e cozinhas.**
5. **Limpar o estojo de lentes de contato.**
6. **Limpar joias.**
7. **Limpar o circuito e os suportes da torradeira.**
8. **Tirar a poeira dos trilhos da porta de correr.**
9. **Limpar a lâmina de um abridor de lata.**

Uma boa ideia é lavar as escovas de dente usadas na cozinha na lava-louças para que fiquem limpas e desinfetadas para a reutilização.

Se você usa óculos, siga estas etapas diariamente para **cuidar das lentes**:

1. Mergulhe os óculos em água morna com sabão.
2. Esfregue as lentes com os dedos, delicadamente.

3. Enxágue para retirar a sujeira e o óleo.
4. Seque as lentes e a armação com cuidado e um pano macio, que não solte fiapos.

Sopre as partículas de poeira da **câmera fotográfica**, do binóculo ou de outras lentes com uma seringa de ouvido ou uma pera de borracha. Se parecer suja, respire sobre ela para que fique embaçada, e depois limpe a superfície delicadamente com um tecido de microfibra ou um tecido específico para limpeza de lentes de câmera.

Cuidados com a bagagem

- **Lave as malas de laterais duras com água morna e detergente. Remova os resíduos com um pano úmido. Para manchas resistentes, aplique álcool isopropílico com uma escova de dente na superfície seca.**
- **Jogue as malas e as sacolas desestruturadas e as de tecido na lavadora de roupas no ciclo delicado e depois pendure-as para secar. Retire as manchas com uma esponja ligeiramente ensaboada.**
- **Borrife malas e maletas de couro macio com um protetor desse material, assim que comprar. Para limpar, passe um creme para limpeza de couro com um pano macio.**
- **Passe o aspirador dentro da mala. Se estiver mofada, esfregue o interior com uma mistura de uma parte de vinagre para cinco partes de água. Deixe-a arejando ao sol.**

Deixe **botas e sapatos enlameados** secando ao ar livre, longe do calor e da luz. Bata as solas e remova a sujeira delas e da parte de cima com uma escova de nylon dura. Esfregue a sujeira restante com um pano úmido e depois aplique um produto para limpar couro e um condicionador específico.

Sempre borrife os sapatos novos com um protetor de couro para ajudar a prevenir manchas. Borrife novamente a cada duas semanas.

Mofou? Veja o que fazer com peças mofadas de couro ou de tecido:

1. **Leve a peça para o ar livre e retire o mofo com uma esponja seca, com um pano ou com uma escova de cerdas de nylon.**
2. **Esfregue uma esponja umedecida com água e sabão. Deixe secar ao ar livre, mas à sombra. Se a peça for de couro, aplique um condicionador específico.**
3. **Se o mofo persistir, passe de leve uma esponja com uma mistura em partes iguais de álcool isopropílico com água. Esfregue de leve, novamente, apenas com água, e deixe secar naturalmente. Para as peças de couro, termine passando um condicionador.**

Evite o mau cheiro em sapatos

- Coloque blocos de cedro dentro de sapatos ou salpique-os à vontade com bicarbonato de sódio. (Antes de usá-los, lembre-se de retirar o excesso de bicarbonato.)
- Polvilhe sal nos sapatos de lona para absorver a umidade.
- Esfregue as palmilhas e a parte interna com uma mistura de uma parte de vinagre com cinco partes de água. Deixe secar ao ar livre.

Em vez de comprar um vidrinho caro de produto para **limpeza de calçados de couro**, adquira um vidro grande de produto para limpeza de estofamentos de couro para tudo o que você tiver nesse material.

Como lavar tênis de lona, couro ou nylon:

1. **Estenda um jornal e encha uma bacia com água morna.**
2. **Remova as palmilhas. Lave os cadarços na lavadora.**
3. **Mergulhe um tênis na água e coloque-o sobre o jornal.**
4. **Esguiche um detergente em uma esponja de nylon e esfregue o tênis por dentro e por fora.**
5. **Use uma escova de dente para manchas difíceis. Repita a sequência para o segundo tênis.**
6. **Mergulhe as palmilhas na água, esfregando-as com a esponja.**
7. **Coloque os tênis e as palmilhas debaixo d'água, para remover o sabão. Enxágue.**
8. **Enfie papel-toalha dentro dos tênis e deixe-os secar naturalmente.**

Três soluções para retirar **chiclete de sapato**:

1. Coloque o sapato em um saco plástico. Pressione a porção grudenta com a lateral do saco. Leve tudo ao freezer, por uma hora, no mínimo. Retire o saco do freezer e o sapato de dentro dele. O chiclete ficará grudado no saco.
2. Encha um saco plástico, com fecho, de cubos de gelo e segure-o diretamente contra o chiclete, até que ele congele. Force o chiclete para fora do sapato com uma faca sem ponta.
3. Borrife WD-40 na área do chiclete. Espere um minuto. Depois, retire o chiclete e o produto com papel-toalha.

Não existe um produto para limpeza de **joias**, em geral. O que dá brilho aos diamantes, por exemplo, arruína as pérolas. Os aparelhos de limpeza ultrassônicos são seguros para a limpeza de joias de qualquer tipo de metal, bem como para a maioria dos diamantes, rubis, esmeraldas, safiras e turmalinas, mas podem fraturar outras gemas. As pedras com adesivos não devem ser colocadas em um aparelho de limpeza ultrassônico.

A maneira mais segura e delicada de limpar a maioria das **pedras** é com uma escova de dente macia mergulhada em uma solução de detergente com água morna. Verifique com seu joalheiro a melhor maneira de limpar peças diferentes.

CAPÍTULO 6

Bichos de estimação

Amamos nossos animais de estimação. Eles fazem parte da família. Infelizmente, porém, eles não são os únicos bichos que temos em casa. Às vezes, roedores e insetos nos visitam e tentam estabelecer-se em caráter permanente. As pragas não são apenas indesejáveis, elas sujam a casa com ninhos, lixo e corpos mortos, e podem deixar um rastro de destruição que vai de lãs comidas por traças a danos estruturais. Por sorte, há maneiras de minimizar o esforço para limpar a sujeira de *toda* essa fauna. O que significa mais tempo livre!

Os cuidados básicos com seu animal de estimação começam com a **alimentação e a água**. É importante limpar as vasilhas de água e comida diariamente, para impedir o acúmulo de sujeira e bactérias.

Deixe as vasilhas dos animais sobre um forro ou uma bandeja lavável, para proteger o chão de gotas e resíduos. Lave-o com água quente e sabão pelo menos uma vez por semana, ou de acordo com a necessidade, e desinfete-o periodicamente.

Procure escovar seu gato com regularidade para reduzir o vômito de bolas de pelos nos móveis e no chão. Existem, também, alimentos para gatos especialmente formulados para reduzir a formação de bolas de pelos.

A especialista em animais de estimação, Arden Moore, sugere passar um pouco de vaselina no focinho do gato; ele vai lambê-la e ingeri-la, e isso o ajudará a eliminar do estômago o **acúmulo de pelos**.

É sua obrigação limpar a sujeira de seu animal de estimação. Os **dejetos dos animais** podem conter vírus, bactérias e parasitas extremamente nocivos. Se seu quintal contém fezes, só o fato de jogar bola no espaço pode resultar em infecção.

Quando passear com seu cachorro, leve um saquinho para recolher as fezes.

Você também pode enterrar os dejetos. Cave um buraco de, no mínimo, quinze centímetros de profundidade, jogue as fezes e cubra com terra. Essa é uma boa estratégia para quem está caminhando no mato, desde que tenha uma pá.

Recolher as fezes do seu animal de estimação REDUZ O RISCO de doenças e mantém limpa a área pela qual você caminha.

Atitudes fora de questão com os dejetos de animais de estimação

- **Não jogue os dejetos de seu animal em vala, bueiro, rua, calçada ou trilha. Isso contribui para a poluição dos cursos d'água e lagos próximos.**

- **Não enterre os dejetos de animais carnívoros em áreas de plantações ou perto da água.**
- **Não junte os dejetos de animais carnívoros à compostagem. O composto não ficará quente o bastante para matar parasitas e outros organismos causadores de doenças. Além disso, pode atrair todo tipo de pragas.**
- **Não esguiche água nos dejetos de animais para que se infiltrem na terra.**
- **Não junte nenhum dejeto animal para ser recolhido com a sujeira do quintal.**

O ideal é ter uma caixa de areia sanitária por gato, ou não mais do que dois gatos compartilhando uma. Lembre-se, porém, que se dois gatos compartilharem uma caixa, a limpeza terá de ser mais frequente.

Gatos gostam de privacidade, portanto, faz sentido colocar a caixa de areia sanitária em um lugar reservado, que minimize o odor e o rastreamento da sujeira.

Se preferir jogar as fezes do gato no vaso sanitário, preste atenção para só jogar as fezes. Areias ou granulados à base de argila podem entupir o vaso sanitário e sua fossa séptica.

Aja da seguinte maneira para remover "acidentes" de animais de estimação de tapetes e carpetes:

1. **Use uma toalha branca para absorver a área molhada o mais depressa possível.**
2. **Com outra toalha branca, aplique uma mistura de um quarto de colher de chá de detergente com uma xícara de água morna. Evite ensopar.**
3. **Absorva a umidade com papel-toalha, enxágue com água morna e repita a ação enquanto houver transferência para o papel-toalha.**
4. **A seguir, aplique uma mistura de uma xícara de vinagre branco com duas xícaras de água com uma toalha branca e absorva, para secar. Fique em pé sobre a toalha, para absorver a umidade.**
5. **Prenda uma camada de um centímetro e meio de papel-toalha sobre a área, com um objeto pesado. Quando a camada estiver completamente molhada, substitua. Continue até que as toalhas não absorvam mais umidade.**

Procure usar um produto de limpeza totalmente natural, baseado em enzimas, como método alternativo. De fato, **as enzimas** digerem as proteínas causadoras das manchas e do odor na urina do animal.

Não use amônia ou outros produtos químicos de limpeza que tenham odor forte no local manchado, uma vez que eles não encobrem o cheiro com eficácia e podem encorajar o animal a reforçar seu registro pela urina.

Para **desencorajar um animal** a voltar a sujar uma área previamente usada, estenda uma folha de papel de alumínio sobre o local, durante uma ou duas semanas. Seu animal não se sentirá atraído a caminhar sobre ela.

Economize tempo e esforço na **remoção de pelos** cobrindo com um pano lavável, um forro ou uma colcha os locais onde seu animal prefere se estender sobre os móveis. Remova e sacuda os cobertores e os travesseiros da cama de seu animal, no mínimo, uma vez por semana. Para facilitar, escolha um material com capa removível ou cubra a cama com um item que possa ser lavado à máquina.

Use um escovão de cerdas de borracha, ou um rodo de cabo comprido, para juntar pelos de animais em rolos que possam ser apanhados. Esfregar a mão com uma **luva de borracha** úmida sobre uma superfície coberta de pelos também funciona. Tente também passar uma esponja úmida sobre o móvel.

Faça seu removedor de pelos com uma **fita adesiva larga** enrolada em torno da mão, com o lado adesivo para fora. Pressione o estofamento e as cortinas com rapidez, usando a palma da mão. Quando a porção da fita estiver cheia de pelos e fiapos, rode-a ao redor da mão para obter um trecho limpo. Repita quanto for necessário. A ação também funciona muito bem em roupas.

Os lenços higiênicos para animais de estimação são ótimos para limpar PATAS SUJAS e retirar o excesso de pelo e de fragmentos de pele que podem causar alergias nos humanos.

Dicas para aspirar pelos dos animais de estimação

- **Se seus animais tiverem pulgas, jogue fora ou esvazie o saco do aspirador fora de casa depois de cada uso.**
- **Jogue fora ou esvazie o saco de seu aspirador quando ele estiver semicheio, evitando que o aparelho fique entupido de pelos.**
- **Se estiver procurando um novo aspirador de pó, peça indicações a outros donos de animais de estimação.**

É importante que seu coelho, seu hamster ou outro **amigo peludo** tenha uma gaiola limpa e seca. Procure uma gaiola com chão de superfície sólida e uma porta larga, ou uma tampa que possa ser retirada. Estruturas luxuosas de plástico duro, com túneis e câmaras pré-fabricadas, embora atraentes, podem ser difíceis de limpar.

Lave e reponha a água nas vasilhas ou nas garrafas todos os dias. Limpe os dejetos com um papel-toalha molhado; a umidade impedirá que os dejetos secos se transformem em poeira a ser inalada. Remova os vegetais que o animal não comeu. Em dias alternados, limpe o local em que ele urinou. Remova e substitua os granulados sujos.

Uma vez por semana, limpe toda a gaiola do roedor e tudo o que estiver dentro dela, para impedir a formação de mofo nas aparas sujas, o que pode deixar o animal doente. Esvazie a gaiola por completo, **lave e enxágue** seu fundo com um detergente neutro. Enxugue tudo antes de colocar aparas novas.

Para facilitar a limpeza, prenda os vegetais para alimentar seu animal na estrutura de arame da gaiola.

Use luvas ao retirar a sujeira do animal e não permita que crianças pequenas limpem as gaiolas.

Estabeleça uma rotina de limpeza diária nas gaiolas de pássaros:

- **Use água quente e uma esponja firme para limpar a comida, os dejetos da gaiola, dos poleiros e dos brinquedos.**
- **Troque o forro de papel no piso da gaiola.**
- **Lave as vasilhas de comida e de água com água quente e sabão, enxaguando-as totalmente. Você pode usar um desinfetante seguro para pássaros. Preste atenção para que a vasilha de comida esteja completamente seca antes de colocar sementes ou grânulos, para impedir a presença de mofo.**
- **Mantenha um aspirador de pó portátil, ou uma vassoura à mão, para limpar os resíduos que caiam da gaiola no chão. Minimize essa sujeira com um protetor de gaiola ou um tapetinho para cadeira de escritório colocado sob ela.**

Tenha um **conjunto extra** de brinquedos e acessórios limpos e desinfetados prontos para serem postos em uma gaiola limpa e seca. Descarte qualquer item que não consiga limpar ou que precise de substituição.

Forre a gaiola com várias camadas de papel que possam ser removidas diariamente, uma por vez, conforme se sujem.

Não é preciso remover os peixes para a limpeza semanal do aquário. Siga estas etapas simples:

1. **Com um removedor de algas, ou uma luva não abrasiva, raspe-as do lado de dentro do vidro. Esfregue também as pedras ou as decorações que estejam presentes. Não é preciso removê-las.**
2. **Remova o excesso de plantas e as folhas mortas nas plantas vivas.**
3. **Retire de 15% a 20% da água e substitua com água limpa da torneira que tenha ficado repousando em um balde, por um dia, só para uso do aquário.**
4. **Com equipamento que limpe cascalho, aspire a matéria orgânica decomposta.**
5. **Mude o filtro do aquário de acordo com as recomendações. Desatarraxe o tubo e limpe com uma escova para filtro.**

Se encontrar um peixe morto, retire-o imediatamente, enterre-o ou jogue-o no vaso sanitário. Remova toda a comida que restar dez minutos depois de ter sido dada. Agite o cascalho com a rede para ajudar as partículas existentes a entrar no filtro. Coloque o aquário longe de janelas: a luz solar incentiva o crescimento de algas.

Nunca use sabão ou outro produto químico para limpar algo que vá para o aquário.

1 O uso de **luvas** de limpeza doméstica protegerá você de uma bactéria da qual o peixe pode ser portador e que causa feridas abertas nos seres humanos.

A chave para o **controle das pragas** é saber como estas se comportam e mudar a própria rotina. Ao enfrentar o problema, comece com o método menos tóxico. Soluções com ervas, como óleo de hortelã ou menta, podem ser usadas para repelir insetos. Alternativas não tóxicas aos pesticidas também incluem uma variedade de armadilhas e iscas, além de tecnologia ultrassônica, que usa som em alta frequência para afastar roedores e insetos sem danos a seres humanos.

A maioria dos insetos e dos roedores prefere viver ao ar livre, embora, com frequência, procurem comida, água e abrigo em sua casa, principalmente nos meses mais frios. A prevenção é a melhor política contra as pragas domésticas:

- **Remova fontes de alimento e de água e limpe-as regularmente.**
- **Torne sua casa desconfortável para as pragas.**
- **Use portas, janelas e telas bem ajustadas.**
- **Conserte goteiras do teto, das chaminés e os vazamentos em canos. Insetos adoram umidade.**

- **Conserve o perímetro de sua casa livre de folhas, madeira, manta vegetal, compostagem e vegetação cerrada.**
- **Mantenha um mínimo de tralha na garagem e nas áreas de armazenamento.**

Rastros e dejetos são sinais seguros de uma **infestação de roedores**. Você também pode ver cabos ou fios elétricos mastigados, paredes, pisos e portas com danos. A visão de um camundongo ou de um rato é motivo para partir para a ação, porque os roedores se reproduzem rapidamente: dois camundongos podem produzir 2,5 mil descendentes em apenas seis meses.

Um camundongo consegue passar por buracos tão pequenos quanto uma moeda de dez centavos; um rato pode se espremer em espaços pouco maiores que uma tampa de garrafa. Tente descobrir como esses roedores estão entrando, salpicando talco no chão nas áreas suspeitas. Marcas de pegadas ou cauda indicarão sua atividade.

Seguem algumas recomendações para lidar com os dejetos de ratos:

- **Não varra ou aspire esses dejetos; isso pode agitar o perigoso hantavírus no ar.**
- **Umedeça os dejetos com desinfetante e limpe-os com papel-toalha e uma solução com água, detergente e desinfetante. Coloque tudo em uma sacola dupla e feche bem, antes de jogá-la no lixo.**

- **Use luvas de borracha, látex ou vinil ao limpar os dejetos. Antes de tirar as luvas, lave as mãos com desinfetante e depois com água e sabão. Descarte-as e volte a lavar as mãos com água e sabão. Se estiver trabalhando em local com pouca ventilação, use também uma máscara contra poeira.**

Não é recomendado o uso de venenos para acabar com os roedores por dois motivos importantes:

1 Esses animais, com frequência, morrem e se decompõem dentro de paredes ou debaixo da casa, resultando em um cheiro com o qual você não vai querer conviver.

2 Venenos são perigosos para crianças e animais de estimação. Em vez disso, arme **ratoeiras** ou coloque adesivos específicos para a captura de ratos.

Você NÃO PRECISA ENVENENAR sua casa com pesticidas e inseticidas para se livrar de roedores e insetos.

As traças indianas da farinha, também conhecidas como **traças de despensa**, entram em casa por grãos infestados e outros alimentos secos. Examine com cuidado alimentos desse tipo e as bordas dos pacotes, para descobrir teias ou larvas, sinais seguros de infestação. Jogue fora os alimentos infestados e aspire qualquer resíduo que possa ter caído nas prateleiras. Use armadilhas grudentas para atrair as traças.

❶ Deixe as roupas infestadas de **traças** ao ar livre, sob sol forte e quente. Ou coloque as peças em sacos de polietileno, aperte-os para tirar o excesso de ar, e ponha-os no freezer durante três dias.

Prevenção de traças de roupas

- **Mantenha limpos armários e gavetas.**
- **Guarde somente roupas limpas: o suor e o perfume atraem traças.**
- **Aspire tapetes, carpetes e móveis com frequência, principalmente se tiver animais de estimação em casa, uma vez que o pelo dos animais é "um bom alimento" para as larvas das traças.**
- **Evite guardar tecidos naturais em áreas com alto teor de umidade.**
- **Quando for armazenar tecidos em baús lacrados, sacos de roupas, caixas ou contêineres, coloque junto naftalinas, tocos ou raspas de cedro. Passados alguns meses, substitua ou renove essa madeira com óleo de cedro. Faça isso regularmente. Ou guarde seus tecidos com sachês repelentes de traças, feitos com casca seca de limão ou lavanda seca e lascas de cedro.**

O **controle efetivo de formigas** começa com a descoberta da trilha estabelecida da colônia até a fonte de alimentos em sua casa, e de volta ao ponto de entrada. Os pontos comuns de acesso incluem janelas, portas, ralos e espelhos de interruptores.

Um remédio popular para deter formigas é o **vinagre branco**. Misture partes iguais do produto e de água e borrife ao redor do ponto de entrada. Ou salpique uma fila de pimenta-de-caiena ou canela. As formigas não cruzarão essa linha.

Você pode tentar **traçar a trilha** de formigas de volta até a colônia externa e tratar o local com um inseticida em spray ou em pó. Se precisar usar pesticidas dentro de casa, evite os sprays.

Depois de determinar o local da entrada das formigas, coloque iscas de ação retardada em sua linha de percurso. A fim de compartilhá-las com as companheiras, as formigas levarão as iscas para o ninho, que acumulará uma dose tóxica, eliminando, assim, toda a colônia.

A maneira mais simples de eliminar **aranhas** é perturbá-las repetidamente. A remoção das teias torna as aranhas adultas mais vulneráveis e remove os sacos de ovos. É claro que nem todas tecem teias, há as que moram no chão. Pense em colocar armadilhas adesivas dos dois lados das entradas cujas portas são abertas com mais frequência. Inseticidas de amplo espectro não são eficientes.

FAÇA VOCÊ MESMO

Spray não tóxico para insetos

Em um borrifador, misture três colheres de sopa de sabão de castela líquido de hortelã com meio litro de água. Aplique diretamente sobre formigas, aranhas e baratas para matá-las.

Como no caso de outras pragas de insetos, uma boa limpeza terá um bom efeito na prevenção de problemas com **baratas**. No entanto, apenas a higiene não vai detê-las. Por mais que pareça repulsivo, muitas vezes, elas entram em casa por sacos de mantimentos e embalagem de alimentos. Até as casas mais limpas podem contê-las.

A Agência de Proteção do Meio Ambiente dos Estados Unidos recomenda o uso de **iscas de veneno, ácido bórico e armadilhas**, antes de recorrer a pesticidas. Coloque armadilhas adesivas sob o refrigerador, a lava-louça e a pia, ou em lugares para os quais as baratas correm e se escondem quando você acende a luz à noite.

A seguir, algumas ideias para acabar com as baratas:

- **Ferva erva-de-gato em uma pequena quantidade de água, para fazer uma espécie de chá. Borrife-o pelos rodapés, nas pernas das mesas, nos armários e sob as bordas dos balcões.**
- **Coloque uma fatia de pão em uma lata de leite em pó, com cerveja suficiente para ensopá-lo por completo. Deite a lata de lado em uma área "visitada" pelas baratas e deixe-a ali por toda a noite. Esvazie a lata pela manhã e repita a operação tantas vezes quantas forem necessárias.**
- **Se as baratas estiverem entrando em sua casa por um ralo, despeje uma tampinha de alvejante e deixe-o fechado até o dia seguinte.**

O método mais eficaz para o **controle de pulgas** é uma aplicação tópica de um spray contra pulgas. Quando pularem em seus animais, elas morrem. Passe sempre o aspirador de pó para se livrar de ovos e larvas. Se precisar usar um inseticida, saia de casa em seguida e leve junto seus animais. Lembre-se, depois, de lavar as vasilhas de água e de comida.

FAÇA VOCÊ MESMO

Spray contra pulgas

Fatie um limão. Coloque-o em uma vasilha e jogue uma xícara de água fervente sobre ele. Deixe a mistura descansar durante a noite e borrife sobre o animal.

CAPÍTULO 7

Ao ar livre e em ocasiões especiais

O exterior de sua casa, os móveis do jardim e outros objetos ao ar livre precisam de uma limpeza regular, mas alguns esforços de organização e faxina são exigidos apenas ocasionalmente, como os que ajudam festas e comemorações a ocorrer sem atropelos. No entanto, eventos esporádicos não precisam deixar a casa toda em polvorosa. Certa logística e um planejamento antecipado podem eliminar todo estresse da limpeza posterior.

Uma vez por ano, faça uma boa faxina na **área externa de sua casa**. Como plano geral, comece com o telhado (se houver necessidade), passando para as calhas, as paredes, as telas, as janelas, as portas e as luminárias externas.

Se você mora em um clima quente, úmido, propenso a mofo, ou em uma área densamente arborizada, é provável que precise limpar seu telhado anualmente. Por razões de segurança, a maioria das pessoas opta por contratar um **profissional especializado**.

Ao subir numa escada, tenha certeza de que ela seja FORTE e esteja bem firme. Nunca utilize os últimos dois degraus.

Limpe sempre as calhas à mão, ou você espirrará terra e folhas por todas as paredes externas:

1. **Use uma pá para colocar os detritos das calhas em um saco de lixo.**
2. **A seguir, jogue um jato na calha em direção ao cano, usando uma mangueira com pistola.**
3. **Se o cano de escoamento estiver entupido, enfie uma mangueira em sua extremidade inferior e jogue água para cima. Se isso não resolver o entupimento, acione a mangueira do alto do cano. Se o problema persistir,**

enfie uma broca de encanador, ou um desentupidor estilo cobra, de baixo para cima, liberando os detritos.

Para remover poeira e teias de **aranha das paredes**, use uma mangueira de jardim com pistola. No caso de sujeira mais pesada, adquira um produto multiuso para limpeza de casa que venha em um recipiente passível de ser atarraxado na mangueira. Ou use um escovão de cano estendido e uma solução leve feita com detergente e água. Limpe de baixo para cima, invertendo no enxágue.

Se houver mofo em suas paredes externas de madeira, peça para seu fornecedor de tintas que recomende um produto de limpeza de casa que inclua um **antimofo**. Depois da lavagem, espere a casa secar por no mínimo dois ou três dias, com tempo seco, antes de pintá-la.

Antes de guardar as telas de janelas, limpe-as e depois cubra-as para protegê-las da poeira. No momento da reinstalação, limpe as janelas e seus caixilhos:

- **Para limpar telas que estejam apenas um pouco empoeiradas, basta jogar um jato de água com a mangueira e deixar secar naturalmente.**
- **Se estiverem muito sujas, esguiche um jato ou dois de detergente em um balde com água; mergulhe uma escova macia de nylon na solução e lave os dois lados de cada tela. Use a mangueira para enxaguar.**

Você pode dobrar o tempo de vida dos **móveis do quintal e da piscina** com uma manutenção adequada. A maneira mais fácil de limpar móveis de vinil, plástico e metal é com uma mangueira de jardim que tenha uma pistola.

Para **móveis de vime sintético**, molhe um pano com uma mistura de meia xícara de sabão ou detergente neutro com quatro litros de água morna, esfregando uma pequena área por vez. Use uma escova de dente para limpar o entrelaçado. Enxágue com uma mangueira, virando a peça para que a água possa escorrer. Esfregue com um pano seco e espere dois dias para a secagem completa.

Seis passos para um deque limpo

Um deque limpo tem uma aparência melhor e maior durabilidade. Folhas e detritos que acabam presos entre as tábuas também seguram a umidade e o tornam suscetível a mofo ou apodrecimento. As escorregadias algas verdes adoram um deque sombreado, portanto, mantenha-o limpo!

1. **Esvazie o deque e cubra qualquer planta frágil que haja por perto.**
2. **Varra o deque e use uma mangueira com pistola para tirar a sujeira da superfície.**
3. **Lave o deque com um produto apropriado ou com uma mistura de sabão para lavar roupa com água, esfregando-o com um escovão. Depois, enxágue com a mangueira.**
4. **Para remover formações de algas (verdes) ou de mofo (preto), misture uma solução de uma parte de alvejante com quatro partes de água e jogue sobre o deque, tomando cuidado para que não caia nas plantas**

próximas. Use um escovão para esfregar as algas e o mofo. Saiba que embora o cloro líquido mate o mofo e as algas, também pode mudar a cor da madeira. Para não se arriscar, use alvejante de oxigênio em pó no lugar do cloro.

5. **Enxágue completamente o deque e deixe-o secar por alguns dias.**
6. **Revista o deque com um óleo impregnante, como o óleo de linhaça, que será absorvido pela madeira.**

Manutenção da piscina

Uma rotina de manutenção regular de sua **piscina** manterá a água sem detritos e regulará o equilíbrio dos produtos químicos:

- Acione a bomba de sua piscina, todos os dias, uma hora para cada 3,3 °C da média de temperatura. Por exemplo, faça a bomba funcionar durante oito horas em um dia de 27 °C.
- Diariamente, remova os detritos do cesto pré-filtro e use uma peneira para remover os resíduos flutuantes. Limpe o cesto uma vez por semana.
- Todos os **filtros** precisam ser limpos uma ou duas vezes por ano. Siga as instruções do fabricante de sua piscina.

- Escovar as paredes e o chão da piscina ajuda a impedir a instalação de algas e bactérias.
- Use um kit de teste, ou tiras, para testar os níveis de cloro e de pH, duas vezes por semana. Ajuste os níveis de acordo com a necessidade.
- A **supercloração**, ou o tratamento de choque de sua piscina, remove os resíduos de protetor solar, transpiração, óleo corporal, urina e outros contaminantes. Adote esse procedimento depois de tempestades, após a visita de um grande número de banhistas e sempre que a água parecer turva.
- Se surgirem algas, use algum produto algicida designado para piscinas.

A **limpeza de sua churrasqueira** exige mais do que apenas limpar a grelha com uma escova ou uma raspadeira.

Preaqueça a churrasqueira em temperatura alta e limpe a grelha com uma escova com cerdas de latão. Depois, pegue um papel-toalha, dobre-o como uma almofada pequena e firme, mergulhe-o em uma vasilha de óleo vegetal e esfregue nas barras da grelha quente, usando pinças de cabos compridos. Repita quanto for necessário. A limpeza terminará quando a grelha tiver um brilho de óleo e a almofadinha sair limpa.

Segundo o especialista em grill, Steven Raichlen, autor do premiado *Barbecue Bible*! [Bíblia do churrasco!], o segredo para uma BOA CHURRASQUEIRA é: "Mantê-la quente. Mantê-la limpa. Mantê-la lubrificada".

Retire sua **rede** do suporte para limpar. Estenda-a em uma superfície limpa, como uma mesa de piquenique. Use uma escova de cerdas macias e uma mistura de água com detergente. Limpe de um lado. Enxágue bem e repita no lado oposto.

1 Antes de cuidar do jardim, do carro ou de usar um cortador de grama, lave as mãos e aplique nelas bastante vaselina. Com isso ficará mais fácil lavar a sujeira de suas mãos no fim dos trabalhos.

Para retirar folhas e detritos da entrada de carros ou da calçada, comece com uma vassoura, em vez de usar direto a mangueira, para economizar água.

Para remover manchas de folhas ou de pneus da **entrada de carros** ou **da calçada**, molhe a superfície com uma mistura de água com um pouco de detergente e esfregue com um escovão.

Manchas de óleo nas entradas de concreto e asfalto podem ser difíceis de remover. É mais fácil quando são frescas, portanto, limpe-as quanto antes, assim que as vir.

Para remover uma mancha de óleo, tente uma destas soluções:

- **Absorva o óleo com papel-toalha. Salpique a mancha com granulado sanitário para gatos. Deixe até o dia seguinte e varra pela manhã.**
- **Ensope a mancha com um spray de multiuso cítrico e cubra com várias camadas de papel-toalha. Prenda as folhas com um tijolo ou outro objeto pesado e espere várias horas, antes de enxaguar completamente.**
- **Use um pincel para aplicar tíner em manchas mais antigas. Cubra-as com um material absorvente, como granulado sanitário para gatos. Deixe até o dia seguinte e varra.**

Dicas gerais para lavagem de carro:

- Remova insetos mortos, dejetos de passarinho e seiva de árvore tão logo os note.
- Use um sabão especial para lavagem de carro que impeça a remoção do acabamento em cera.
- Faça uma lavagem completa do veículo para retirar a sujeira da superfície.

- Para evitar marcas, lave-o à sombra e seque com toalhas limpas e macias.
- Lave e enxágue uma parte de cada vez, começando em cima e descendo.
- Use no processo um balde de água limpa para lavar panos ou esponjas.

Algumas partes do veículo são mais trabalhosas de limpar que outras. Seguem algumas dicas para as mais difíceis:

- **Remova a poeira do freio com um produto para limpeza de rodas designado para o tipo em questão (por exemplo, rodas de liga leve ou de aço). Borrife ou pincele o produto e depois enxágue no prazo especificado na etiqueta.**
- **Nos pneus, use um produto de limpeza específico. Depois, borrife um protetor de pneus.**
- **Lustre as partes cromadas com um pano macio umedecido com vinagre branco. Quando necessário, use um polidor de cromados.**
- **Molhe um pano com vinagre branco para limpar a sujeira das ruas nos limpadores de para-brisas.**

Os **adesivos de janelas** podem ser difíceis de remover. Aqui estão três truques que sempre funcionam:

- Ensope o adesivo com vinagre branco e deixe descansar. Depois, raspe-o com uma faca sem ponta.

- Borrife WD-40 no adesivo. Em seguida, retire-o com um pano limpo.
- Borrife um removedor de adesivos industrializado, destinado a carros, encontrado em lojas de autopeças. Retire-o com um pano limpo.

Passarinhos não costumam SE BANHAR em bacias sujas.

Um **banho de pássaros** atrai mais aves e ajuda a impedir o crescimento de algas, a transmissão de doenças e a proliferação de mosquitos. Para melhores resultados, limpe a bacia e mude a água uma vez por semana, no mínimo:

1. Esvazie a bacia por completo.
2. Esfregue com uma escovinha usando uma solução de detergente com água.
3. Enxágue até remover todo o detergente.
4. Encha a bacia com água fresca.

Colocar **moedas de cobre** ou um pedaço de cano desse material nas bacias para banho de pássaros parece ajudar a impedir o crescimento de algas. Não custa tentar.

Não há problema em lavar um saco de dormir na máquina, com água fria, na programação delicada. Entretanto, se estiver em dúvida lave-o à mão com um sabão que não seja detergente – use sabão puro, vegetal ou em flocos – ou um para roupas delicadas. Deixe-o secar naturalmente.

Passe o aspirador nas suas barracas de acordo com a necessidade, para remover a sujeira solta. Limpe as manchas com esponja e água morna. Se a barraca toda precisar ser limpa, faça o seguinte:

1. **Molhe a barraca com a mangueira ou mergulhe-a na banheira com água fria e um sabão não detergente, ou um produto especial para limpeza de barracas.**
2. **Esfregue com uma escova de cerdas macias.**
3. **Enxágue a barraca, várias vezes, para remover todo resíduo de sabão.**
4. **Arme a barraca à sombra ou pendure-a no varal, longe do sol direto.**
5. **Aplique uma camada de impermeabilizante e espere secar, antes de guardar.**

Você pode pedalar para se locomover ou por lazer, mas a limpeza periódica de sua bicicleta é indispensável para garantir melhor desempenho:

1. **Use uma mangueira para retirar toda a sujeira. Não use um jato com pressão, porque ele tirará o óleo que faz que a bicicleta rode macia.**
2. **Aplique um produto de limpeza, específico para bicicletas, que remova gordura em quadro, aros, unidade de tração e qualquer outro ponto com sujeira.**
3. **Enxágue o produto e seque a bicicleta com um pano macio.**
4. **Aplique um lubrificante específico para a corrente, a fim de impedir ferrugem e acúmulo de sujeira e tornar a mudança de marchas mais macia e rápida.**

Nas festas de final de ano e nas ocasiões especiais, já é bem difícil organizar e produzir os eventos, que dirá limpar a casa para hóspedes e visitas. No entanto, é bom lembrar que a verdadeira razão para essas reuniões é comemorar e se divertir. A maneira mais simples de evitar a pressão do preparo para as festas é começar cedo. Não crie um estresse desnecessário, deixando a limpeza para o último minuto.

Certas coisas – como o polimento da prataria ou a limpeza do quarto de hóspedes – podem ser feitas com um mês ou mais de antecedência. Dedique um dia por semana para enfrentar as tarefas prévias de limpeza.

Envolver os filhos na limpeza para as FESTAS de final de ano ensinará a eles como organizar e enfrentar grandes responsabilidades, podendo até evocar o ESPÍRITO de Natal!

1 Faça uma *checklist* de todas as tarefas que precisam ser realizadas para preparar a ocasião que se aproxima. À frente de cada uma, assinale o tempo estimado para que ela seja realizada. Se você tiver uma hora sobrando, pode procurar uma tarefa que possa ser executada no período.

1 Sua casa **não precisa estar um brinco**. Se o evento for noturno, você pode diminuir as luzes para esconder a poeira. Ou, se quiser uma casa imaculada, mas não tiver tempo para conseguir isso, pode contratar um serviço profissional de faxina.

Abra espaço para a **comida das festas**, limpando o refrigerador e a despensa.

1 Finja que as festas, ou as ocasiões especiais, começam um dia antes da verdadeira data. Planeje ter tudo terminado até lá. Assim, você pode desfrutar de um dia de descanso, antes do início das comemorações.

Vai chegar uma visita? Se você tiver apenas algumas horas para limpar, deixe a cozinha e os banheiros brilhando. Eis algumas dicas de limpeza rápida:

- **Limpe os vasos sanitários, as pias, os espelhos e o chão e coloque toalhas de mão limpas.**
- **Feche a cortina do chuveiro.**
- **Esvazie as lixeiras da cozinha e dos banheiros.**
- **Desocupe os balcões da cozinha e dê uma limpada.**
- **Lave o chão da cozinha.**
- **Saia pela casa com uma cesta de roupas recolhendo qualquer bagunça. Esconda a cesta.**
- **Feche as portas dos cômodos a que as visitas não terão acesso.**
- **Diminua as luzes para uma festa no fim da tarde ou à noite.**

Você pode facilitar o serviço de limpeza **depois da festa**, usando algumas estratégias:

- Utilize pratos, talheres e copos descartáveis de boa qualidade e guardanapos de papel.
- Coloque sacos extras no fundo de cada cesto de lixo; quando um saco estiver cheio, você terá um novo a postos.
- Deixe potinhos para descartes, como caroços de azeitona e palitos, espalhados pela área da festa.
- Se os convidados se oferecerem para ajudar, peça que recolham latas e garrafas vazias, reúnam os pratos sujos ou passem um pano onde a comida foi servida.

Como as festividades de uma casa muitas vezes incluem velas acesas, os "acidentes com cera" são inevitáveis. Para remover os resíduos:

- **Dos estofados e dos tapetes: aplique gelo. Quebre a cera congelada com um objeto sem ponta e recolha os pedaços com um aspirador.**
- **Das toalhas de mesa: congele a cera e raspe com um cartão de crédito. Ou coloque um saco de papel sobre a cera e outro debaixo do pano. Passe o saco de cima com o ferro na temperatura média, até que toda a cera se transfira para o saco.**
- **Da madeira: coloque gelo na cera, raspe com um cartão de crédito e remova o restante com um pano embebido com cera, em creme, para móveis.**

O **cheiro de fumaça** é o mais difícil de eliminar. As partículas de fumaça são tão pequenas que penetram em todos os lugares. Se você, ou algum de seus convidados, fuma dentro de casa, precisará limpar todas as superfícies para se livrar do odor.

Para ventilar um cômodo enfumaçado, abra as janelas e use ventiladores. Para ajudar na absorção do cheiro persistente, espalhe vasilhas de vinagre pela casa. Deixe-as até o dia seguinte, ou mais tempo, caso necessário.

Substitua as BATERIAS do detector de fumaça pelo menos uma vez por ano.

CAPÍTULO 8

Água e ar saudáveis

Por que a limpeza de uma casa deve se limitar ao que podemos ver? E quanto ao ar que respiramos ou a água que bebemos? Sabemos que o balcão contaminado de uma cozinha pode afetar negativamente nossa saúde, e o mesmo acontece com agentes causadores de alergia, trazidos pelo ar ou pela água impura. Os sistemas de uma casa requerem conferências regulares para que permaneçam saudáveis. Saber diminuir as esfoliações do animal de estimação, eliminar o mofo, desentupir canos e limpar o sistema que aquece e resfria os ambientes não apenas reduz doenças, como também nos faz economizar dinheiro.

Estudos demonstram que o ar dentro das casas pode ser mais poluído que o ar externo nas grandes cidades. Os **poluidores internos de ar** incluem fumaça de tabaco, vapores de produtos domésticos, materiais de construção, vários poluidores biológicos – como bactérias, fungos, mofos, vírus, esfoliações de animais e ácaros –, monóxido de carbono e radônio. Poluidores adicionais são gerados por atividades diárias, como cozinhar com gás, espanar, usar desinfetantes, produtos de limpeza e repelentes em spray. Todas são ações que acrescentam partículas ao ar, criando problemas de saúde para muitos indivíduos.

O ar dentro de casa deveria ter constante troca por ar fresco. Isso é complicado com as residências mais novas e com mais eficiência energética, que não apenas isolam o calor e o frio, como também não "respiram" como as casas antigas, que não eram tão vedadas. Um bom começo para limpar o ar interno é assegurar uma **ventilação adequada**, em particular durante o uso de produtos de limpeza doméstica.

Se você não puder abrir as janelas por causa dos poluidores externos, do barulho do trânsito ou porque seu ar-condicionado está ligado, use **ventiladores de teto e exaustores** para facilitar a troca de ar fresco.

Os **alérgenos caninos e felinos** são encontrados em quase todas as casas dos Estados Unidos, *tenham ou não* cães e gatos! Em ambientes com esses animais, os níveis de alérgenos são quase sempre altos o suficiente para desencadear alergias ou asma. Entretanto, até residências sem cães ou gatos têm níveis de esfoliação animal elevado o bastante para provocar sintomas alérgicos. De onde vem isso? Presume-se que pelas roupas, transferindo-se para os locais em que as pessoas costumam se sentar. E também pelo ar. **Sistemas de alta eficiência na filtragem de partículas**, existentes nos purificadores de ar e nos aspiradores de pó, podem ajudar na redução dos níveis de exposição.

Não existem gatos hipoalergênicos. No entanto, estudos demonstram que os gatos de pelo claro provocam MENOS SINTOMAS ALÉRGICOS que os de pelo escuro; e que as fêmeas produzem menos alérgenos que os machos.

A limpeza frequente pode ajudar na redução de alérgenos e agentes irritantes que provocam **reações alérgicas**. Quando você limpa os balcões, por exemplo, está limpando mais do que os germes. Está limpando também pólen, esfoliações de animais, ácaros e esporos de mofo – os quatro alérgenos internos mais comuns.

① Se você sofrer de problemas alérgicos, o uso de **máscara** durante a limpeza pode ajudar, bem como limpar um pouco por vez, e não tudo de uma vez só.

Os ácaros vivem da esfoliação humana e animal, além de outras partículas de poeira da casa. Eles se desenvolvem em sofás, tapetes e na roupa de cama. Uma limpeza regular minimiza sua população:

- **Tire o pó com um tecido úmido e passe um pano no chão, em vez de varrer.**
- **Use o aspirador regularmente nos carpetes, na tapeçaria e nos estofados, com filtros de alta eficiência.**
- **Faça uma limpeza periódica profunda nos tapetes.**
- **Cubra os móveis com capas.**
- **Mantenha os animais de estimação longe dos móveis.**
- **Adote cortinas laváveis.**
- **Substitua os carpetes por pisos lisos e tapetes laváveis, distribuídos em áreas específicas.**
- **Use capas no colchão e nos travesseiros.**

As maneiras para minimizar os alérgenos nos quartos incluem o seguinte:

- **Revista o colchão, o estrado e os travesseiros com capas à prova de ácaros.**
- **Lave as roupas de cama, a cada semana, com água quente a 54 °C, no mínimo, para matar os ácaros. Secá-las no ciclo que não amassa por dez minutos consecutivos também elimina a maioria dos ácaros.**

- **Ponha uma proteção de colchão hipoalergênica em sua cama e lave-a com água quente, semanalmente.**
- **Substitua os cobertores felpudos de lã, os edredons recheados com plumas ou lã e os travesseiros de plumas por cobertores sintéticos ou de algodão lavável e travesseiros antibacterianos.**
- **Lave os travesseiros e os cobertores uma vez por mês.**

O **pólen** não é apenas um problema externo; ele também é trazido para dentro de casa por meio das roupas e dos cabelos. Deixar as atividades externas para o fim do dia pode ajudar a minimizar a exposição. Tomar uma ducha e lavar o cabelo antes de ir para a cama auxilia a redução da alergia matinal. Como as janelas ficam fechadas quando se usa o ar-condicionado, isso reduz a entrada do pólen causador de alergia.

O mofo pode dificultar a luta de seu organismo contra infecções e causar sérias doenças. Assim, a limpeza do mofo é um investimento em SUA SAÚDE.

Ambientes úmidos são o espaço ideal para a proliferação de **mofo**. Em geral, ele surge como manchas ou borrões pretos ou brancos. Para descobrir se uma mancha ou borrão é mofo, toque-a com cuidado com uma gota de cloro líquido. Se a mancha mudar de cor ou desaparecer, provavelmente é mofo.

Para limpar áreas de mofo maiores que um metro quadrado, ou se o dano pelo mofo foi causado por água contaminada, contrate um profissional experiente. Se você fizer a limpeza, use luvas compridas de borracha, óculos de segurança, uma máscara N95 (disponível em lojas de ferragens) e uma camisa de mangas compridas.

Seguem algumas indicações para limpar o mofo de diversas superfícies:

- Esfregue o móvel e outras **superfícies duras** e laváveis com água quente e sabão. Enxágue com um pano molhado e seque por completo. Acelere a secagem com ventiladores.

- Para limpar áreas grandes de **concreto**, prepare uma solução de três quartos de xícara de cloro líquido com quatro litros de água. Abra as janelas para ventilar. Aplique com um pano de chão e rodo ou com um *mop*, deixando descansar por cinco minutos. Em seguida, enxágue e tire o excesso de água com um pano. Para remover pequenas formações, borrife as áreas afetadas com vinagre puro e deixe secar, sem enxaguar.
- Leve os **tapetes, os estofados e os colchões** para o ar livre, escove o mofo solto e passe o aspirador. Depois, lave a escova e jogue fora o saco do aspirador. Deixe as peças ao sol, ao ar livre, e deixe-as secar. Se o mofo continuar muito visível, faça uma solução bem espumante de água com sabão, detergente ou produto para limpar tapetes. Passe a espuma na peça, sem deixar que fique muito molhada. Enxugue a espuma com um pano úmido e deixe secar naturalmente.

Às vezes, você pode salvar roupas, travesseiros, cobertores ou animais de pelúcia tomados pelo mofo lavando-os com água quente.

Afastando o mofo

- **Os três maiores imãs de umidade são as roupas, os papéis e os móveis. Conserve apenas o que você precisa.**
- **Ligue um desumidificador.**
- **Nos meses de verão, abra todas as janelas.**

- **Evite deixar roupas molhadas para secar em um ambiente já úmido.**
- **Armazene a lenha para a lareira em galpões ou garagem, não dentro de casa.**
- **Não use tapete em ambientes com muita umidade.**

Absorva qualquer cheiro de bolor deixado pela formação de mofos antigos colocando um pedaço de carvão seco em um recipiente aberto de metal, ou ponha pequenas vasilhas com vinagre.

O monóxido de carbono (CO) é um assassino silencioso, produzido pela queima de combustíveis. As fontes em potencial incluem aquecedores de quartos, estufas de ambiente do tipo salamandra, lareiras, fogões e fornos a gás e aquecedores de água. Mantenha-os em boas condições de funcionamento, a fim de evitar envenenamento.

O **monóxido de carbono** não tem cheiro, gosto nem cor, mas você pode dar uma rápida verificada em seus vestígios. Procure ferrugem ou marcas de água escorrida, ou conexões pouco firmes ou soltas, em chaminés ou respiradouros; chaminés com alvenarias soltas; painéis soltos ou em falta em seu aquecedor; umidade na parte interna das janelas; e detritos que caem da chaminé, da lareira ou de algum aparelho.

Identifique problemas que possam indicar escape de monóxido de carbono pelo **funcionamento inadequado**

de algum aparelho, como diminuição no suprimento de água quente, aquecedor a óleo ou a gás que não está conseguindo aquecer a casa ou funciona sem parar, fuligem nos aparelhos, cheiros estranhos ou de queimado.

① A coisa mais importante que você pode fazer para impedir o envenenamento por monóxido de carbono é usar e manter os aparelhos de combustão de maneira adequada. Um **detector de monóxido de carbono** só deve ser usado como apoio.

A Agência de Proteção Ambiental dos Estados Unidos (EPA) estima que os níveis de POLUIDORES DE AR INTERNOS possam ser entre duas e cinco vezes mais elevados que os de poluidores ao ar livre.

Muitos produtos domésticos comuns possuem solventes e componentes químicos que emitem gases potencialmente nocivos durante o uso – e até enquanto estão guardados. Em nome da segurança:

- **Evite o uso de produtos em aerossol em sua casa. Não use removedores de tinta ou produtos químicos fortes dentro de casa.**

- **Use alternativas não tóxicas aos produtos de limpeza e de cuidados pessoais.**
- **Use colas e outros adesivos nas áreas externas, ou internas, apenas em ambientes muito ventilados.**
- **Não guarde grelhas de churrasco ou seus combustíveis nas dependências onde vive ou em uma garagem conjugada.**
- **Armazene solventes e pesticidas do lado externo de casa.**

Purificadores de ar portáteis podem ser úteis como um meio secundário de remover contaminantes da casa. Os três tipos mais comuns são: mecânicos, eletrônicos e geradores de íons.

Ao comprar um purificador de ar, procure um que seja de fabricante confiável.

Tendemos a considerar os sistemas de encanamento, de aquecimento e de ar-condicionado como algo garantido, até que eles deixam de funcionar. Eia a rotina necessária de limpeza:

- **Aspire grelhas e respiradouros com regularidade.**
- **Mude ou limpe os filtros todos os meses.**
- **Limpe as chaminés anualmente, caso queime madeira. Examine também as chaminés com frequência, para verificar o acúmulo de creosoto, limpando quando ele estiver visível.**
- **Espane as pás do ventilador de teto uma vez por mês.**

- **Regularmente, aspire aquecedores portáteis a gás e elétricos.**
- **Lave os filtros dos aparelhos de ar-condicionado instalados na janela com água morna e detergente a cada duas semanas. Enxugue-os bem antes de recolocá-los. Aspire suas serpentinas e limpe as bandejas de escoamento de água com frequência.**

Um **cano entupido** é um cano sujo. Se o entupimento for em uma pia do banheiro ou na banheira – causado por cabelos, resíduos de sabão, pasta de dente ou uma mistura desses materiais – remova o ralo, ou a tampa, e qualquer detrito ao redor da abertura. Com uma lanterna, olhe para dentro do cano para ver se o que está causando a obstrução é um chumaço de cabelo. Se for, alcance-o com um cabide de arame esticado, ou uma escova de limpar mamadeira, e empurre o cabelo para baixo, ou puxe-o para fora. Em seguida, jogue vários galões de água fervendo cano abaixo.

Se não conseguir enxergar a obstrução no cano, tente usar um **desentupidor**:

1. Cubra a abertura do cano com a base do desentupidor.
2. Para criar um vácuo entre o desentupidor e o cano, você precisa "tampar" outras aberturas. Enfie um trapo na abertura do ladrão, tampe a segunda pia – no caso de uma pia dupla –, ou ponha um grampo na mangueira de escoamento da lavadora de pratos.
3. Encha a pia com água o suficiente para cobrir a base do desentupidor.

4. Bombeie várias vezes o cabo do desentupidor para dentro da base e depois puxe rapidamente, liberando-o.

   Repita quantas vezes for preciso. Quando desentupir, **jogue água fervendo dentro do cano** para retirar qualquer detrito remanescente.

Se o método do desentupidor falhar, tente usar uma **broca manual**, que consiste em um cabo, que você enfia dentro do cano até que ele encontre resistência, e uma manivela manual, que permite que você empurre a obstrução para dentro do cano ou consiga retirá-la. Depois de desentupir, jogue bastante água fervendo dentro do cano.

FAÇA VOCÊ MESMO

Limpador de cano

Coloque em um balde meio quilo de barrilha (carbonato de sódio). Junte onze litros de água fervente para dissolver a barrilha e jogue a mistura lentamente, com cuidado, dentro do cano.

O conserto do sifão da pia

Se o entupimento for em uma pia e você não tiver uma broca, tente remover e limpar o sifão – aquele cano em formato de S debaixo da pia – com uma chave de grifo:

1. **Coloque um balde debaixo do sifão e use a chave de grifo para removê-lo. Água e detritos vão cair dentro do balde.**

2. Use um arame entortado para tirar qualquer material do cano de esgoto.
3. Recoloque o sifão e jogue água quente no cano. Essa última etapa, importante, não apenas enxágua o ralo e os canos como reabastece o sifão com água, impedindo que gases do esgoto subam pelo cano.

Sempre tente primeiro o método MENOS TÓXICO para desentupir.

Alguém tem de fazer isto...

Não use um produto industrializado para limpar canos em um entupimento no vaso sanitário. Enfrente o problema com um desentupidor:

1. Se o vaso com caixa acoplada estiver transbordando, levante a tampa da caixa, suspenda a boia e empurre a válvula de descarga no fundo da caixa para parar o fluxo. Depois, feche o registro.
2. Retire metade da água do vaso sanitário.
3. Cubra a abertura da saída da água com o desentupidor. Pressione seu cabo – com pouca força – para dentro da base, solte e repita, até que a água escoe.
4. Jogue água no vaso sanitário para ter certeza de que a bacia esvazie.

5. **Abra o registro, dê descarga e enxágue o desentupidor na água corrente.**

Os entupimentos dos canos da cozinha são, em sua maioria, causados por "tampões" de gordura, aglutinados com partículas de alimentos, que obstruem o fluxo de água. Para limpar um entupimento assim, use um produto industrializado de limpeza de canos que contenha soda cáustica, que gera calor para derreter e decompor a gordura, de modo que possa ser enxaguada.

Por segurança

- Se usar um produto industrializado para limpeza de cano em um entupimento na cozinha, proteja-se com luvas e óculos.

- Nunca utilize um desentupidor ou uma broca durante o uso ou depois de empregar um produto de limpeza de cano industrializado, evitando que os produtos químicos espirrem na pele, nos olhos ou em sua roupa.

Se você não costuma escoar seu aquecedor com frequência, não comece agora. O fluxo repentino de sedimentos acumulados pode estragá-lo para sempre!

Se seu **aquecedor de água** estiver fazendo um ruído surdo ou sibilando, ou a água que sai dele estiver enferrujada ou escura, pode haver sedimentação no tanque ou crostas em seus componentes. Caso você seja do tipo que bota a mão na massa, desligue a energia no disjuntor e feche o registro de água. Escoe o tanque e remova o painel de acesso aos componentes de aquecimento. Retire esses componentes, mergulhe-os em vinagre e raspe as crostas.

Guarde **em uma pasta** todos os manuais de funcionamento e manutenção dos sistemas de aquecimento, ar-condicionado e encanamento e deixe-a em um lugar acessível.

Crie um registro para anotar as datas de limpeza, manutenção e conserto de cada um dos sistemas de sua casa. Cole os registros em cada dispositivo ou guarde-os na pasta.

Agora, você está preparado!

índice

C

D

E

P

Q

R

S

T

U

V